历史的明暗

南怀瑾 讲述

北京联合出版公司

南怀瑾先生,1955年于台湾省基隆市。
詹阿仁摄影

南怀瑾先生简介

南怀瑾先生，戊午年（1918年）出生，浙江省乐清县（今乐清市）人。幼承庭训，少习诸子百家。浙江国术馆国术训练员专修班第二期毕业，中央陆军军官学校政治研究班第十期修业，金陵大学社会福利行政特别研究部研习。

抗日战争中，投笔从戎，跃马西南，筹边屯垦，曾任大小凉山垦殖公司总经理兼自卫团总指挥。返回成都后，执教于中央陆军军官学校军官教育队。其间，遇禅门大德袁焕仙先生而发明心地，于峨眉山发愿接续中华文化断层，并于大坪寺阅《大藏经》。讲学于云南大学、四川大学等院校。

赴台湾后，任中国文化学院（今中国文化大学）、辅仁大学、政治大学等院校和研究所兼职教授。二十世纪八十年代曾旅美、居港。在台、港及旅美时期，创办东西（文化）精华协会、老古出版社（后改组为老古文化事业股份有限公司）、《人文世界》杂志、《知见》杂志、美国弗吉尼亚州东西文化学院、ICI香港国际文教基金会，主持十方丛林书院。

在香港期间，曾协调海峡两岸，推动祖国统一大业。关心家乡建设，1990年泰顺、文成水灾，捐资救患；在温州成立南氏医药科技基金会、农业科技基金会等。又将乐清故居重建，移交地方政府作为老幼文康中心。与浙江省合建金温铁路，造福东南。

继而于内地创办东西精华农科（苏州）有限公司；独资设立吴江太湖文化事业公司、太湖大学堂、吴江太湖国际实验学校；推动兴办武汉外国语学校美加分校；推动在上海兴办南怀瑾研究院（恒南书院）；恢复禅宗曹洞宗祖庭洞山寺；支持中医现代化研究——道生中医四诊仪研制与应用；资助印度佛教复兴运动；捐建太湖之滨老太庙文化广场。

数十年来，为接续中华文化断层心愿讲学不辍，并提倡幼少儿童智力开发，推动中英文经典课余诵读及珠算、心算并重之工作。又因国内学者之促，为黄河断流、南北调水事，倡立参天水利资源工程研考会，做科研工作之先声。其学生自出巨资，用其名义在国内创立光华教育基金会，资助三十多所著名大学，嘉惠师生云云。其他众多利人利民利国之举，难以尽述。

先生生平致力于弘扬中华传统文化，并主张融合东西文化精华，造福人类未来。出版有《论语别裁》《孟子旁通》《原本大学微言》《老子他说》《金刚经说什么》等中文繁简体及外文版著述一百四十余种。且秉持继绝兴亡精神与历史文化责任感，自行出版或推动出版众多历史文化典籍，并藏书精华数万册。

要之：其人一生行迹奇特，常情莫测，有种种称誉，今人犹不尽识其详者。

壬辰年（2012年）仲秋，先生在太湖大学堂辞世，享年九十五岁。

出版说明

　　南怀瑾先生一生致力于传播中国传统文化，他的论述涉及的学问领域之广，作品的影响力之大，在当代都是首屈一指的。南怀瑾先生的作品，素来深入浅出、通俗易懂，但是毕竟体量宏富，万象森罗，已正式出版的中文简体版作品超过五十种，总字数近千万，且以分门别类的专著为主，因而对于一般读者来说，阅读的门槛和压力还是有的。

　　我们策划这套书的目的，是为广大读者提供一种更轻松、关联性更强的阅读体验，也希望有更多新的读者通过这套书走近南怀瑾先生，走近中国传统文化。

　　为了达到这个目的，我们为每一本书设定了一个主题。每个主题一方面对应着南怀瑾先生作品中的一个重要内容板块，另一方面对应着与读者的关联性。每一本书一般由几个章节构成，每一章聚焦全书主题的一个方面，由几篇文章构成。每篇文章由标题引领一个相对完整和独立的叙述，大部分文章篇幅在三千字左右。每篇文章素材的选择，遵循知识性、趣味性和启发性三个原则。我们力求让每一篇读起来都是"散文"的体验，体量轻小，易于阅读和归纳理解，而篇章之间又组成更大的叙述和主题，让读者有层层渐进、步步深入的体会。

历史的经验，这个名词本身就是答案，历史就是经验。所谓历史，不过两个问题：一是人，二是事。从人的方面讲，做人要学习持经达变。经是大原则，不能变动，变是权变，就是运用的方法。从事的方面讲，现代与古代看似不同，但"风月无今古，情怀自浅深"，只是人的思想、观念、感受不同。

读历史也有两个方向：一是纯粹的推论，研究学理，这是历史学家的工作；二是讲应用，从历史中撷取教训，学习古人做人临事的经验。要了解时代的趋势，必先懂得历史，明白我们的国家是怎样一步步走到现在的。观察历史上个人与组织的成功失败，这本《历史的明暗》便是从这个角度出发编成的。

南师讲史有几大特点。其一是强调通才之学。要读史，但不能只读史。中国自古有文哲不分、文史不分、文政不分、文艺不分的传统，只有从中国文化的整体视野来看历史，才能打稳基础。其二是提倡经史合参。经是不变的大原则，史便是要记载时代与社会的具体变迁，经史互补才有意义。其三是要培养历史之眼。读历史，要懂得质疑表象，质疑人性，质疑因果，洞察思想、行为、言语的本质。综合这几大特点，全书共分八章。第一章总论南怀瑾先生的读史心得。第二章至第八章，分别从社会制度、政治谋略、人生哲学、权力本质、王朝兴替、开基立业和帝王治术七个维度，探讨中国历史的兴衰。

本书所收录的文章，有的来自南怀瑾先生著作中的完整篇章，我们只在原文基础上精简行文、重分段落、重拟标题等。有的文章是从多部作品中摘选、衔接而成，以便用一篇文章较完整地讨论一个话题，为了前后衔接得当，个别语句的顺序、措辞有调整。每一篇文章之后，注明了所选素材的出处。

此书能够出版，承蒙南怀瑾先生哲嗣温州南品仁先生与台湾南怀瑾文教基金会的信任与支持，特此致谢！

北京磨铁文化集团股份有限公司

南怀瑾系列作品编辑部

目录

第一章　读史心得

怎样研究历史才有意义？　/ 2
培养一双"历史的眼睛"　/ 7
史书不一定完全可靠，
　　但想真正读懂是有方法的　/ 13
现代人该怎么打稳历史基础？　/ 22

第二章　社会制度：公私精神与皇权认同

尧舜禹的公天下时代　/ 28
中国帝制下的公私精神　/ 32
天命所归：皇权认同根基的来源　/ 43

中国文化中政治哲学的最高精神　/ 51

第三章　政治谋略：王道还是霸道？

伟大而痛苦的春秋战国：
　　现代世界政治形势的放大版　/ 60
齐桓公一匡天下：皇权政治与通儒的结合　/ 65
拥有雄才大略的秦穆公，
　　为何不能完成入主中原的霸业？　/ 74
从商鞅影响秦魏盛衰看怀柔之术　/ 85
好勇任事的典型：赵武灵王主导赵国改革崛起　/ 94
心理变态的秦始皇，是暴君还是可怜人？　/ 101

第四章　人生哲学：书生与豪杰

所有的势运都讲究一个时机　/ 116
历史是非，自有公论　/ 122
义与利之间的取舍　/ 128

只学谋略不讲道义，不可取　　/ 133

智者心计与说话的艺术　　/ 138

如何学以致用？　　/ 153

第五章　权力本质：皇位的血酬

刘邦吕雉：权势利害的人性考验　　/ 160

汉文帝以道德文治守天下，奠定汉朝立国基础　　/ 169

聪明如汉武帝，为何也容易被奸臣挑拨？　　/ 175

帝王权术的不外传秘诀　　/ 178

第六章　王朝兴替：命运的齿轮

悖入悖出：曹魏与司马家的悲剧　　/ 186

共治天下：士族集团获得与王权抗衡的根基　　/ 190

"降王不杀"的传统，从南朝开始打破　　/ 196

隋朝政权的因果：

　　灭宇文而起，又因宇文而亡　　/ 201

李唐王朝的衰亡教训　　/ 206

五代乱世，儒家文化兴盛的转变　　/ 210

第七章　开基立业：政权的基因

金钱外交：赵家三百年的战略失策　　/ 218

独特的文人政府风格，让宋代儒学走向盛兴　　/ 229

党祸与真伪道学之辨　　/ 238

朱元璋的前因，塑造明朝政权的阴暗底色　　/ 244

朱明三百年的文运弊端　　/ 250

第八章　帝王治术：君临天下的手段

运气加持，最先运用"代理战争"战略的满人夺取天下　　/ 254

康熙：统治学术高明的帝王　　/ 261

雍正：与污名同行，历代定鼎守成帝王中的奇才　　/ 267

"十全老人"乾隆：受益遗荫的太平天子　　/ 279

第一章
读史心得

怎样研究历史才有意义？

古人研究中国历史的方法，有一句话叫"经史合参"。

什么叫经呢？就是常道，永恒不变的大原则，在任何时代，任何地区，这个原则都不会变动，这不是我们规定它不准变动的，而是它本身必然如此。什么叫史呢？就是记载这个原则之下时代的变动、社会的变迁。

我们要懂得经，必须懂得史，拿历史上每个时代、每个社会来配合，这样研究经史才有意义。譬如孔子说"为政以德"，表面看起来好像是一则刻板的教条，其实不是，只要读了那段历史就会明白。

孔子那个时代，后世称为春秋，《春秋》是孔子著的一部书，后来成了这段历史的代名词。孔子是儒家的代表，他把上古以来渊博的中国文化浓缩继承了下来。可是我们也要知道，孔子一辈子真正的学问，不是《大学》《中庸》《论语》。《大学》是他的学生曾子著的，传授孔门心法；《中庸》是他的孙子子思所作，子思是曾子的学生；而《论语》则是孔子的讲学对话记录，是学生们编集的。

那么孔子有没有真正的著作？

有，就是《春秋》以及《易经》中的《易传》十篇（后人称作"十翼"）。

孔子为什么把他编著的历史书叫作《春秋》而不叫《冬夏》呢？其实，这是根据天文来的。一年四季，冬天太冷，夏天太热，冬天白昼太短，夏天白昼太长，都不平均，只有春天二月间和秋天八月间，春分、秋分那两个节气，白昼黑夜一样长，气候不冷也不热，所以"春秋"就是平衡，秤一样的公平。孔子要把这个时代当中，社会上、政治上好或不好的，都放在这个像春分秋分一样平衡的天平上来批判，称一下你够不够分量，给你一个公平的论断。你当了多少年帝王，对得起国家吗？你做了多少年官，对得起老百姓吗？这才是孔子著《春秋》的深意。不过后人之中也有不喜欢读《春秋》的，比如王安石，他认为这是一部烂账本，这个话也有道理，历史就是烂账，一堆烂账，能做到公平的很少。

孔子写《春秋》是只写纲要，没有内容，等于左史记事，而没有记言。后来《春秋》有三传，《左传》《公羊传》《穀梁传》，就是他的学生传承编集的，把具体历史内容和内涵补进去加以说明，三家各有不同观点。

《春秋》的目的是什么呢？这是大问题。孔子著了《春秋》以后，认为别人不一定了解他的历史哲学观，因此讲了两句话，"知我者《春秋》，罪我者《春秋》"。他说将来后世的人如要骂我，是因为我著了《春秋》；真正懂我的人，知道我讲的中国文化精神在哪里的，也是因为《春秋》。所以说《春秋》有微言大义。

有没有人骂孔子？有。像我们小时候读书，有些古板的老师不准我们读《春秋》《左传》，也不准我们看《三国演义》，更不可以看《红楼梦》《水浒传》。他们说《红楼梦》是淫书，黄得不得了，看了就会学坏；看《春秋》《左传》《三国演义》，将来会变奸臣，喜欢用权术智谋。

《春秋》记载了周朝后期二百四十多年的历史。当时周朝天子虽没有垮台，但诸侯之间互相吞并，道德沦丧，整个社会都乱了。所以孔子在《周易·系传》中说："臣弑其君，子弑其父，非一朝一夕之故，其所由来者，渐矣。"他认为这乱象不是一天形成的，都是慢慢转变来的。以《易经》的道理来说，天地间的事都有原因，有很多因素。譬如有人捡到一块钱，这多么偶然，但仔细分析，一点也不偶然。它的前因是什么？因为他走出门来了，如果没有这个前因，就不会有捡到一块钱的后果。《易经》告诉我们，天下的事没有突变的，只有我们智慧不及的时候，才会看到某件事是突变的，其实早有一个前因潜伏在那里。懂了《易经》这几句话，再看孔子和《春秋》，他所以那么偏重教化，正是在那三四百年当中，社会风气乱得不得了，他非常担忧，因此才说为政唯"德"而已，权力是没有用的。

比较说来，《春秋》是中国第一部历史纲要，其他记录各诸侯国历史的书，像《战国策》《国语》等，只是笔法不同。但是后世的人有些搞不清楚了，我也常常问专门研究国学历史的年轻同学，《春秋》讲的是什么？后世一般学者讲《春秋》是"尊王攘夷"思想，认为尊王就是尊重王权，专门拥护帝王专政，攘夷就是排斥外来野蛮民族的文化。我说孔子一定不承认这种观念。但是日本人采用《春秋》所谓尊王攘夷的精神，创造了明治维新的历史局面。明治维新最突出的代表不是日本天皇，而是首相伊藤博文。当然，维新也不是伊藤博文一个人的成功，但是伊藤博文赢得了历史盛名。他推崇尊王攘夷的精神，日本因此兴盛起来，还把当时美国、英国的力量赶出日本，你们去研究就懂了。

还有一些人说《春秋》讲三世，三世是根据《公羊传》而来的，最乱的叫衰世，比衰世好的叫升平世，最后再到天下太平，但是天下永远不会太平的，我们点到为止。

要熟读《春秋》，内容很多，当然，首先最好要了解《左传》，兼通《公羊传》《穀梁传》，再兼通《战国策》《国语》等更好。

（选自《廿一世纪初的前言后语》《漫谈中国文化》）

培养一双"历史的眼睛"

我们研究历史,要懂得"经史合参",它的目的在哪里呢?就是司马迁的那句"究天人之际,通古今之变",这句话提出了孔子《春秋》的内涵。天,是宇宙物理世界;人,是人道。所以读历史不是只读故事,不是只知道兴衰成败,还要彻底懂得自然科学、哲学、宗教,通一切学问。"通古今之变"是说,你读了历史才知道过去、现在,知道自己的祖宗,知道自己的人生,也能知道未来的社会国家和自己往哪个方向走。

司马迁平生有"读万卷书,行万里路"的精神,他写《史记》时,考察了各个地区的有关史料。不过我在这里再加一句,一个人要想成就自己的学问,除了"读万卷书,行万里路",还要交一万个朋友,当然,最好是交好朋友,交到坏朋友就麻烦了。

讲到司马迁和《史记》,我要给大家讲讲"历史的眼睛"了。《史记》比起《春秋》有所不同,也不像《战国策》《国语》等史料,大家各有各的系统。司马迁创作了一个新的历史体裁,他的精神在八书,之后又有班固一家作的《汉书》,从此各朝历史都照《汉书》的体裁慢慢衍变,有了《后汉书》和《三国志》,一直到《唐书》《宋史》《辽史》《金史》《元史》《明史》,清史还没有写好,民国史更没有人写了,还差得远呢。

司马迁的文学、历史样样都很高明,但是他本身遭遇到最痛苦的事,受了腐刑。原因是李陵投降了匈奴,他说李陵没有罪,他在战场上尽了力,投降是不得已,因此跟汉武帝闹翻了。汉武帝非常气愤,处司马迁以腐刑。司马迁心里很埋怨,所以写《史记》,对汉武帝也好,对汉武帝的祖先也好,一点都不客气。比如写刘邦年轻时乱喝酒、会骗人,生活一塌糊涂,写得清清楚楚,一点没有保留。可是很奇怪,汉武帝看到《史记》,却有很大的度量,包容了。又比如《史记》中写皇帝的部分叫作本纪,写皇帝以下宰相、诸侯的部分叫作世家,譬如《孔子世家》《萧相国世家》,写其他一般人物的部分叫列传,另外还有表、书等体裁,这些都是司马迁的首创。可是,他写刘邦是本纪,写项羽也是本纪,以后的历史学家都不及他,对皇帝都是害怕的。

《史记》用的是纪传体,体裁同别的都不同,等于写小说。所以我常常告诉年轻人,要读《史记》,想要懂司马迁写什么,最好也读读《聊斋志异》。你以为说鬼话就那么无聊吗?司马迁自称"太史公",实际上是推崇他父亲,因为从他父亲以上，都是管历史的，同时也表达一个史官的历史责任。蒲松龄写《聊斋志异》，在每一篇异闻、鬼话之后，也跟司马迁一样，自称"异史氏"。各位想把文章写得好，想做个好的新闻记者，非读《聊斋志异》不可，要学会他写故事的手法。他在重要故事后面常有个评论，就是"异史氏曰"，和司马迁写《史记》的"太史公曰"一样，这是我们读历史应具的一只眼睛。

《史记》的重点在列传，列传第一篇就是《伯夷列传》。说到这里，我先讲我的故事。我年轻的时候，自认为学问也不错，抗战初期那时二十几岁，在四川成都中央军校教课，见到了我的老师袁（焕仙）先生。我一生的老师很多啊，唯有这位老师很特别。那个时候人家说我诗词文章都好，又说我文武全才，他听了就说"南怀瑾是一条龙，我要把他给收了"，这是后来人家告诉我的。

有一天我们两个人谈话，谈到古今中外的学问，谈到历史，谈到写文章，他就很严厉地问我："你读过《伯夷列传》没有？"我说："先生啊，我太熟了，十一二岁就背下来了。"他说："嘿！你读懂了吗？"我说："是啊，都背来了。"他那个态度，把胡子一抹，眼睛一瞥："嗯！这样啊！"样子很难看。他这么一讲，我愣住了，我就说："先生啊，你讲得对，也许我没有读懂。"他就说："回家好好读一百遍。"我当时心里真有一点火了,但是还有怀疑,他怎么这样讲呢?《伯夷列传》我很清楚,现在都还能背得出大半。回去我真的把《伯夷列传》拿出来好好地用心再读,反复思考,当天晚上明白了。第二天去看袁先生,我告诉他,昨天回去读了一百遍。他哈哈笑了,说:"不要说了,我知道你明白。"这就是先生,就是书院精神,让你自己读通了,这也是读书的眼睛,读史的眼睛。

《伯夷列传》记了一件事,当年周武王要出兵打纣王,几百个诸侯都跟着他。伯夷、叔齐是孤竹君的两个儿子,读书人,两个老头子,"叩马而谏",他们把武王的马拉住,劝他不要出兵,讲了几句话。第一,你父亲文王刚刚死,还在服丧,用兵是不应该的。第二,你更不应该去打纣王,他至少是你的君长,周地是他封的,臣子怎么能打君长呢?说完,"左右欲兵之",旁边的人要杀这两个老头子。姜太公说话了:"此义人也。"你们不要动手,要尊重他们,这两个是中国读书人的榜样,请他们回去,好好照顾着。

后来武王灭了纣王,建立周朝,列传中则写了一句"义不食周粟":伯夷和叔齐认为,你武王这样做是"以暴易暴",不过是一个新暴君打垮一个旧暴君而已,所以他们决不吃周朝土地上生出的任何一粒粟米,最后两人饿死在首阳山。这就是这篇列传的重点,然后下面都是议论,议论什么?对历史的怀疑,人性的怀疑,宇宙的怀疑,因果的怀疑,多读一读就会知道。从古至今都说"善有善报,恶有恶报,不是不报,日子未到",为什么天下的坏人都很得意啊?为什么坏蛋造反都有理呢?强权为什么胜于公理?这个因果报应在哪里啊?这是司马迁在这一篇的怀疑,也是对上下古今历史打的问号。但是这一篇同时也告诉我们,中国文化不赞成这些帝王,这就是看历史的眼睛。

再看唐朝杜甫写唐太宗得天下有两句名诗,"风尘三尺剑,社稷一戎衣",多漂亮!换句话说,唐朝天下是打来的,你消灭了各路英雄诸侯,最后是你拳头大当了皇帝。毛泽东当然也懂这个,他是熟读《资治通鉴》的,所以才说出"枪杆子里面出政权"。这也是历史的眼睛。

还有唐人章碣的两句诗,"尘土十分归举子,乾坤大半属偷儿"。"举子"就是考取举人、进士功名的读书人。这两句诗是说,这些读书人、知识分子没什么了不起,一辈子很可怜,最后死了归到烂泥巴而已,读书有屁用啊!这个天下都是用权力与手段骗来、偷来、抢来的。这就把功名富贵、钱财权势通通批评了。唐人的诗像这样的有不少,都是历史哲学的观点。

刚才讲《史记》列传第一篇,以伯夷、叔齐代表一个高尚的人格道德,后面的列传各种各样的人都有,而且司马迁很特别，连《游侠列传》《刺客列传》都写了，乃至写《货殖列传》，做生意的，盗墓发财后来称王的，做偷儿、妓女而发家的，讲得非常白，非常清楚。

司马迁引用孔子一句名言，来讲写作历史的重点，叫作"我欲载之空言，不如见之于行事之深切著明者也"。写历史，如果光讲空洞理论，没有用，我用纪传体来写，等于写小说，把一个人一辈子的思想、行为、言语，写得明明白白，让大家看得清楚，这也是写历史的眼睛。所以我们读历史，要经史合参，要有慧眼，用特别的眼睛看，也可说是用法眼来看，就像观音菩萨千手千眼，每一只手里有一只眼睛，每一只眼里有一只手，看得清清楚楚。

（选自《廿一世纪初的前言后语》《漫谈中国文化》）

史书不一定完全可靠,但想真正读懂是有方法的

孟子曰:"尽信书,则不如无书。吾于《武成》,取二三策而已矣。仁人无敌于天下;以至仁伐至不仁,而何其血之流杵也!"

——《孟子》

孟子说,历史的记载并不一定全部可靠。我常说,历史的记载,人名、地名、时间都是真的,很多事实却走了样;而小说的叙述,人名、地名、时间都是虚构的,而故事却常为事实,这是历史与小说的不同之处。正史有时候记的是历史的另一面,所以历史是很难读的。例如读《春秋》,非要把全部《春秋》读完,反复研究,才可找出孔子写《春秋》的精神及历史的背景。又如司马迁仿《春秋》笔法而写的《史记》,也是很难读的,其中汉高祖、项羽的传记,写他们两人好的一面,写得真好,只稍带一点点瑕疵;而真正不好的一面,却写在另外一些人的传记中。所以要看完全部的《史

记》，才能懂得《史记》，只看一篇，或若干篇，是无法读懂《史记》的，当然也就不会真懂历史了。

后世的历史，都是如此。例如大家都说，在汉高祖之后，唐太宗是最英明的皇帝。我们读了《贞观政要》，感觉唐太宗的确很好，可是另举一个小小的例子，来看看唐太宗好不好吧！有一个人，追随唐太宗很久，也很有功劳，但唐太宗硬是不喜欢他。这个人有一天说："人是要靠命运，不知道哪一天，我的运气才会好起来。"唐太宗对他说了两句名言："待予心肯日，是汝运通时。"等老子哪一天高兴的时候，你的运气就来了。这居然是当皇帝的人说的话！十足反映了有钱有势的人的心理状态。透过这两句话，唐太宗的一切好，是否须重新判断呢？

再看，唐太宗光大了考试制度，在第一次考试后，他站在高台上，接受士子们朝见。士子们山呼万岁，他高兴地说："天下英雄尽入吾彀中。"意思是说，我设了一个圈套，天下英雄都投到我的圈套里来了，被我笼络住了，听我摆布了。从他的这句话中，就可以看出他并没有什么可爱，只能成就一个霸业而已，没有圣君道德，不像尧舜那样的味道。看通了历史的这一点，哪一个帝王不是如此啊？这就叫作"尽信书，则不如无书"。

孟子为什么讲这个道理呢？因为在讲这个之前他谈到了

"春秋无义战",跟着又提到"征伐",他说征只是"上伐下"的战争,这个字不能随便用。当时战国的诸侯之间随便出兵侵略,还要说成是征伐,这是不应该的。

此时也许会有一个人问孟子:商汤攻夏桀,周武王打殷纣,不都是以下攻上的叛变吗?为什么历史上却称作汤伐桀、武征纣呢?纣王虽坏,也轮不到做部下的去推翻他,而且历史上记载,武王打纣王时"血流漂杵"——所流的血可以使舂米的木杵都漂起来,可见杀了太多人,居然还说周是仁者之师!这一问,大概问得孟子也没有办法,只好自己捋捋胡子说:"尽信书,则不如无书。"有时候历史的记载对一件事难免有过分渲染之处。可是回转来,我们也可以对孟子说:"尽信你,则不如不信你。"所以历史是很难说的。

关于这方面,我们有几个史例可以提出来研究。

第一个例子是《史记》写到周伐纣时,周文王找姜太公商量这件事,司马迁用"阴谋修德"四个字作了定论,说文王与姜太公两个老头子在一起"阴谋",然后才由武王起兵,所以武王伐纣是预先有布置的,并不是那么简单。这"阴谋"两字就是春秋笔法,微言大义,要读完《史记》,而且要仔细读,才可以发现,这两个字就是对文王、武王、姜太公的一个定评。

后来到了明朝,有一个禅宗的和尚莲池大师,写了一首《七笔勾》。因为他读了全部《史记》,读到"阴谋修德",对于文王、武王、姜太公等一笔勾,把圣也者、贤也者都勾掉了。所以司马迁写完《史记》,吹个大牛说:"藏之名山,传之其人。"意思说,我写的文章你们都看不懂,将来终会有人读懂。这是他轻视同时代的那些人,认为那些人都看不出他在文章中所蕴含的历史哲学。

另外有一个人,就是上通天文下通地理的邵雍(谥康节),他写有两句名诗:"唐虞揖逊三杯酒,汤武征诛一局棋。"这是说尧老了把帝位交给舜,舜老了把帝位交给禹,推位让国,是和谐的交代,而商周征伐是和下棋一样。他看历史如此,觉得人生过去了就过去了,所以始终不出来做官。可是他这两句诗,我们不要会错了意,那并不是洒脱,而是含有无限的血泪。简单地说,"唐虞揖逊三杯酒"就是恭敬退让,"汤武征诛一局棋"则是有布置的预谋,这是他明显而真正的意思。这并不是我故意鸡蛋里挑骨头,而是告诉大家,读书要读得多,而且要相互贯通,才可以看出其中的道理,否则就被邵康节美妙的文字骗过去了,还真以为他好洒脱,把历史上人物个个赞好,如此轰轰烈烈的大事,写成了"三杯酒""一局棋"。如果真认为如此,那邵康节在棺材里都会笑了起来。

邵康节无所不知,他在洛水桥上听到杜鹃鸟啼,就说天下将大乱,吩咐儿子搬迁,从洛阳远迁到四川。他指出地气——宇宙之间有一股气势，这股气势如果由南向北行，天下必乱，反过来由北向南行，则天下必治，所以南人为相，天下必乱。自古以来，山东出相，山西出将，都与地气有关。宋朝王安石以南人当宰相，果然就开始启动天下的乱局，而洛阳在那时有杜鹃啼，正是地气由南而北的兆头。

他是北宋晚期人物，曾经推算过这个国家民族未来的演变情势，一直预言到今日以后的时代，而在今日以前的历史变迁，他的预言都已应验。当时曾有好友问他，宋朝今后情势如何，他一句也不作答，回到家里，寄了部《晋书》给这位朋友。我们知道，晋分西晋、东晋，宋也分北宋、南宋，而且南北宋半个天下的国势，几乎和东西晋完全一样。可他是宋人，不能明白地说出来，那是要杀头的，只好用这部《晋书》作强烈的暗示，看得懂就心里有数，看不懂只有自认蠢材。所以我对他那两句诗各下一个脚注："唐虞揖逊三杯酒"——恭敬谦让的，"汤武征诛一局棋"——有预谋布置的。

有学生问孟子，既然"上伐下"才是"征"，汤武之推翻桀纣，明明是以下叛上，历史上怎么可以说是"汤武征诛"？孟子对于这个问题，只好用这个"尽信书，则不如无书"辩解了。假如我是孟子，站在教育的立场，也不能不想办法辩解一下，这就是宗教家、教育家的苦心，明知有坏的一面，也不好揭穿；被人家揭穿以后，也必须把它扳正。

"汤武征诛"这四个字的历史记载，后世用惯了，便认为汤武革命是征诛，忘记了古人用这两个字的本意，是对汤、武这个举措含有谴责的意义。这正是春秋笔法，有如"郑伯克段于鄢"，用"克"字以谴责郑庄公，是同样的道理。

但是在中国文化中有两句话："三代以上，惟恐其好名；三代以下，惟恐其不好名。"三代以上的人，若好名则无所不为；三代以下的人，假如好名，就努力去做一个好人，做一个好官，希望在历史上留名，向这个目标走的话，社会就比较安定。同一个理由，在三代以上，对于"征诛"的看法是对的，而在三代以下，则是靠武功治天下，以成盛德。

由此我还想到清朝的龚定盦（龚自珍），他这个人很怪，康有为、梁启超乃至于现代许多人，都在思想学说上受他的影响。他的儿子也怪，诗也怪。龚定盦有一首有关历史哲学的诗：

少年虽亦薄汤武，不薄秦皇与武皇。
设想英雄垂暮日，温柔不住住何乡。

——《己亥杂诗·其二百七十六》

诗的意思是，向来就看不起商汤和周武王这两个人，专门说假话，抢了别人的天下。对于秦始皇与汉武帝，则不会看不起，因为在三代以下，为什么不可以有这样的雄才？中华民族的英雄，就应该有这样的雄才大略。大家批评秦始皇养了许多宫女，汉武帝到晚年也有很多妃子，其实这有什么稀奇？一个大英雄到了晚年，事业成功了，无事可做，不到温柔乡里睡睡觉，叫他到哪里去消磨呢？

至于他们两人，到晚年想求丹药，当神仙，后世也有人说他们错，可是世上谁不想多活几年，谁想早死呢？而且这求丹药只有他们做得到，一般人也做不到，因为英雄退路作神仙，英雄不当了，退休当神仙，也是应该的啊。这许许多多奇奇怪怪的历史观念，也等于是对历史的评论，对圣人的怀疑。

所以，回过头看，治平天下，无一不是阴谋。因此孟子在这里也只好救周武王一把，说"尽信书，则不如无书"，对于《尚书·周书·武成》这篇所记载的事，有些是过分的，其中只有"二三策"是可靠的，其他都不可靠（"策"是上古竹简书本的名称，与"册"字通）。像"会于牧野，罔有敌于我师，前徒倒戈，攻于后以北，血流漂杵，一戎衣天下大定"这段话，其中就有问题。因为一个仁人，自然"无敌于天下"，武王出兵打纣王，完全是大慈大悲，为了救人救世而战争，是"以至仁伐至不仁"，怎么会流血成河，把木杵都漂起来了呢？

其实，一次战争打下来，流这许多血也是平常的事，而孟老夫子说，不会有这样的事，是《武成》这篇太夸张了。我们只好说，孟老夫子这位圣人也算是用心良苦。

由孟子"吾于《武成》，取二三策而已矣"这句话，我们又想起近代史上一件事，可以说明这个道理。

当太平天国之役，曾国藩、曾国荃练兵为清廷出力，作战十年。曾国荃攻下太平天国的首都南京以后，曾国藩的好友故旧王闿运（湘绮）回到湖南家乡，写了部《湘军志》。这部书里面记载的，有许多是使曾国藩兄弟颇为难堪的事，而这些事也并不是虚构的。例如其中一条说，曾国荃回到湖南以后，有一个人生病，药方里需要几钱人参，可是跑遍了偌大一个长沙省城都买不到，打听了一下，原来是曾国荃府中需用，一夜之间把整个长沙城的人参全都购去了。那种富贵鼎盛时候的气象，各种各样的事都会出来。王闿运虽然与曾家是友好故旧，仍然将这一类事用中国史家的精神，毫不客气地一股脑儿写了进去。所以曾国藩写给弟弟的信中有一首诗说：

左列钟铭右谤书，人间随处有乘除。
低头一拜屠羊说，万事浮云过太虚。
　　　　　　　——《沅圃弟四十一初度（十三首选一）》

劝他弟弟不要计较，实际上也不敢计较，史家这支笔是无法抗拒的。所以要想做大事，能够在历史上标榜一个正义之声，也是值得尊敬的。

（选自《孟子与尽心篇》）

现代人该怎么打稳历史基础？

历史本来就是人和事经验的记录，换言之，把历代人和事的经验记录下来，就成为历史。读历史有两个方向。第一个方向是纯粹的推论，研究学理，不大讲应用，这是历史学家的事，现在大学历史系、历史研究所大概向这一方向走。可我们站在后世——另一个时代，另一种社会形态，另一种生活方式——用自称是客观的观点看历史，整理历史上的人事、政治、经济、社会、教育、军事、文学、艺术等，从各个不同角度去评论它、歌颂它或讥刺它，这种研究尽管说是客观的批判，其实始终有主观的成见。第二个方向是应用的方面，也就是怎样运用历史的经验，从历史人事活动中撷取教训，学习古人做人临事的经验，并作为自己的参考，甚之，借以效法它、模仿它。

其实，历史的经验，这个名词的本身就是答案，因为历史的本身就是经验。如果我们以学术的观点看历史，所谓历史，不过是两个问题：一个人的问题，一个事的问题。历史的记载，不外人与事。从人的方面来讲，大概又分两个方向来立论，拿旧的观念说：一个是经，一个是权。经是大原则，不能变动，权又叫作权变，就是运用的方法。从事的方面来讲，中国文化绵绵流长，已经上下五千年了，我们所看到的事，似乎有现代与古代的不同，假使我们对历史有真的了解，就没有什么不同了。"风月无今古，情怀自浅深"，宇宙没有什么过去、现在、未来的太多不同，它永远是这样的太阳、这样的月亮、这样的风、这样的雨，只是人的思想观念上感受不同，才发生了情感、思想上不同的形态。我们中国人用文学的表达，就成了这样的诗句。古人主张多读书，就是在于吸收历史上许多经验。今日我们讲历史的经验，应该向哪一方面讲？这就要先有一个立场，应该先问问我们今日工作上、业务上需要的是什么，就从这个观点出发去找历史的经验。

我们这个民族很特别，从上古黄帝开始，史官的职位都是帝王封的，但是史官的工作，帝王不能干涉。所谓"左史记言，右史记事"，在帝王旁边的左史，要负责真实地记录帝王及臣子所说的建议语言，而在帝王旁边的右史，对于帝王做了哪些国家大事，哪怕亲近女色一类的事，也要如实记下。中国古代史官的权力有这样大，这种体制也是全世界独有的。

为什么历代都注重历史？因为政治、经济、商业这些学问经验历史上都有，不注重历史就很难弄懂这些。有人问我，我们推翻清朝这么久了，一百年后中国的前途将会怎样？我说，你去读历史，古书上说"观今宜鉴古，无古不成今"，这两句是我们小时候读书时背的。要了解当今时代的趋势，必须先懂得古代的历史，知道我们的国家民族是怎样一步步走到现在的。要研究几千年的演变，不管它走得好坏。鉴就是镜子，自己对着镜子看，观察个人事业的成功失败，再拿古代做镜子反照自己：古代每个时代是怎么失败的？怎么成功的？没有过去就没有现在，这是读历史最重要的一课。像我个人，当初为了国家，要做军人，要带兵打仗，对我来说历史和地理都很重要。

现在许多人读历史，要看哪一个教授写的，这点我不加意见。可有些人看中国经济史、中国教育史、中国文学史……我就笑了，看这些书等于钻牛角尖，并不能全盘了解。因为这是一般读书人在读了历史以后，站在某个立场观点写的。

中国历史上，在宋代出了部极有名的历史巨著，便是司马光先生的《资治通鉴》。顾名思义，司马先生编著这部史书，其目的是正面为皇帝们（领导人和领导班子）提供政治教育必修的参考。所谓"资治"是比较谦虚客气的用词，资是资助、帮助，治便是政治，合起来讲，就是拿古代历史兴衰成败的经验资料，帮助你走上贤良政治、清明政治的道路。因此，我经常和朋友们开玩笑,你最喜欢读《资治通鉴》意欲何为?你想做一个好皇帝,或是做一个顶天立地的大名臣吗?如果碰到一个嫉才的"帝王",就把你宰了。笑话归笑话,事实上,《资治通鉴》就是这样一部历史书。

由这一点我们也要知道,研究中国历史,不是光研究历史而已!过去几十年我们都在学西方哲学。从前,那些英美留学回来的学者说中国没有哲学。我听后就笑,我说我是乡下人,喝中国水沟的水长大的,你们喝洋水的,把洋水带回来,我也尝到一点点。

中国怎么没有哲学?中国的哲学在诗词歌赋里头啊,不像欧美的哲学是专门的,所以中国讲文哲不分、文史不分,每一个写历史的都是大文豪,诗词歌赋也都写得非常好,史学家多是文学家。还有文政也不分,司马光是宋朝宰相,后面历代写史的都是翰林大学士,都是大官呀,他们自己都有政治上的经验。还有,文艺也不分,除了诗词歌赋,音乐、舞蹈,民间好坏风俗,天文地理,无所不知,这是通才之学,就有这样的伟大。

当然,《资治通鉴》这本书也只写到唐末五代为止,因司马光是宋朝人,本朝人都还活着,没有办法写。所以后代另有一部《续资治通鉴》,是清朝毕沅(秋帆)作的。他是太仓人,乾隆时状元,学问非常好,做过河南巡抚、湖广总督,他邀请了一班大学者,历时二十年,编了《续资治通鉴》,从宋朝以后继续写下来,很有见解。

不过,这两部书实在太厚,不大方便读。我告诉大家一个经验,先读《纲鉴易知录》。这是一部中国历史纲要,写到明朝为止,作者吴乘权(字楚才),编过《古文观止》,是做私塾先生的。先读完《纲鉴易知录》,再配合司马迁的《史记》、曾国藩的《经史百家杂钞》等书去读。我十二岁时一个人在山上的庙里读书,一年零两个月当中,《纲鉴易知录》已经读了三遍,基础也就打稳了。

(选自《历史的经验》《廿一世纪初的前言后语》
《南怀瑾讲演录》)

第二章

社会制度：公私精神与皇权认同

尧舜禹的公天下时代

一个国家民族的文化中心就是自己的历史,这是非常非常重要的,如果自己祖先的历史文化传统都不知道,就是数典忘祖了。全世界有六七十亿人口,有许多国家,但是最注重历史的是中国人。希腊、埃及、印度及中国是四大文明古国,都有几千年的文化,可是希腊、埃及、印度都没有中国这样注重历史。

从上古到现在,中国分为两大系,南方与北方。北方是指黄河流域,祖先是黄帝轩辕氏和炎帝神农氏,所以中国人过去就自称炎黄子孙。南方的祖先是燧人氏,他发明了钻木取火。从文化的角度来说,这里需要追加说明,有人说炎黄子孙是龙的传人,当年在台湾有个年轻人作了首歌《龙的传人》,那是神话,中国人不是龙的传人,我们是人的传人。

从黄帝时期到现在,有文化起源根据的历史已经有四千七百多年,黄帝以前的历史称为远古史。中国文化向来不是宗教,我们六七岁时读家塾,在家里请老师来教,就晓得"盘古老王开天地",天地人三皇,再到五帝中的黄帝,这个阶段据我所知已有二百七十多万年。这些记载在旧的历史中都有,这个观点也可以代表全人类发展史的观念。而现代人不敢承认也不敢相信我们的历史是那么悠久,只强调有正式记载的历史是从黄帝轩辕氏开始。学者们把黄帝轩辕氏的后代称为炎黄子孙、华夏民族。

后来我们的历史不从黄帝讲起,而从唐尧开始,到虞舜再到大禹,这三代在历史上是有名的所谓公天下。勉强拿现在做比方,就是真正的民主自由。这三代的皇帝都活到了百岁左右,管理这个国家民族都有几十年,最后年龄大了,"逊位让国",自己退位,并且不把国家交给自己的子孙后代,而是传给贤者。

尧、舜、禹三代以后不同了,不再是公天下,而是家天下。因为大禹死后,这个王朝就传给了他的儿子启。大禹开创的朝代叫作夏,我们现在叫大夏文化;夏以后是商,也叫作殷,商汤建立了殷商的朝代,商朝合计有五百多年。殷商以后是周朝,比较详细的历史记载,便是从这时候开始的。

现在我们来具体讲解尧舜禹的公天下时代。

其实,现今我们所知道有关尧舜的历史故事,大多是从《孟子·万章》一篇而来的,在《孟子》以前的史料中很少见到。所以,《孟子》有关尧舜的资料是否存在非常严重的问题？假如属实，为什么孟子与万章要对这些史料再三辩论？其中心思想又在什么地方呢？

万章是孟子的学生，《万章》篇大部分是孟子答复万章问题的记录，等于"孟子与万章同学对话录"。《万章》篇分上下两部分，主要阐述君道、臣道、师道、友道的关系，以及士大夫、知识分子立身处世、做人做事的大原则，也就是伦理之道、人伦之道。中国几千年来的帝王政治制度，与孟子的君道思想有密切关系。但是，我们要特别注意，孟子所谓的帝王政治精神，与秦汉以来的帝王政治精神是否有很大的差别？这又是一个大问题。同时也可以看出，几千年来儒家所标榜的君臣之道，人伦、社会之间的中国文化，是否与孔孟思想有所出入？这些都是我们身为后代的人，应该注意的地方。

万章等弟子一开始就跟孟子谈到尧舜的许多问题，处处对这些上古圣贤有所怀疑，对孟子所提倡的尧舜之道也提出疑问。这些问题非常有趣，但没有结论。事实上，对前代的历史，后代都会存疑。一部二十五史，每一人，每一事，几乎资料都不翔实，存在很多问题。尤其儒家讲到君道与臣道的标准，每以尧舜为标榜，所以尧舜也就成了后世讨论的大话题。宋朝以后，尤其明朝，对远古的尧舜怀疑更甚。老实说，五四时代"打倒孔家店"的种子，几百年前就已经种下了。只不过那是专制时代,考试制度以孔孟思想为依归,许多人不敢明目张胆讲出来,否则一生的前途就完了,至少会被踢出读书人的圈子,后果就有如此之严重,现代则已经慢慢可以看到了。

(选自《廿一世纪初的前言后语》《孟子与万章》)

中国帝制下的公私精神

咸丘蒙问曰:"语云:'盛德之士,君不得而臣,父不得而子。'舜南面而立,尧帅诸侯北面而朝之,瞽瞍亦北面而朝之。舜见瞽瞍,其容有蹙。孔子曰:'于斯时也,天下殆哉,岌岌乎!'不识此语诚然乎哉?"

孟子曰:"否,此非君子之言,齐东野人之语也。尧老而舜摄也,《尧典》曰:'二十有八载,放勋乃徂落,百姓如丧考妣。三年,四海遏密八音。'孔子曰:'天无二日,民无二王。'舜既为天子矣,又帅天下诸侯以为尧三年丧,是二天子矣。"

咸丘蒙是孟子的学生,他提出来一个问题,也是关于尧舜的。他说:一般人说,一个真正有道德修养的人,连帝王也无法叫他来做臣子,父母也对他客气三分,不把他当一个普通子女看待。这是中国文化自上古以来一直保留着的隐士思想,为其他国家所没有的独特精神。实行下来到了后世,就有了佛教和道教的出家人。从三国开始,经过南北朝直到隋唐,近四百年间,对于"不臣"的规矩争论得很厉害。比如,一个人出家以后,要不要仍遵守世俗的政治礼制?见到皇帝要不要跪拜?根据印度的制度,释迦牟尼出家以后,他父亲净饭王去看他,释迦牟尼只行宗教的礼节,当然,父亲也不必拜他。这就和中国文化中"君不得而臣"的隐士精神一样,只以友道相处。中国在隋唐以前,已确定了对出家人以隐士待之的态度,见帝王以友道相处,不跪拜,这成为约定俗成的体制和礼数。除此之外,上至宰相下至老百姓,任何人见到帝王,都是非跪拜不可。

可是,宋太祖赵匡胤当了皇帝以后,到某寺庙中看到佛像时,想到该不该跪拜,很觉为难。如果是在山东曲阜的孔庙,从唐明皇以后,历代的皇帝都跪拜,尤其到清军入关以后,做得更恭敬,礼见孔子像,一定跪拜。赵匡胤在佛殿中,手上拈着香,觉得拜也不好,不拜也不好,问旁边一个禅师,该如何行礼。这位禅师答得好:现在佛不拜过去佛!赵匡胤微微一笑,行个礼走了。这位禅师也算是给足了宋太祖的面子,像这些也都是中国礼仪上的问题。

咸丘蒙先引述了"盛德之士,君不得而臣,父不得而子"的隐士观念,然后说,舜当了王之后,尧还是带领诸侯向舜行礼,而舜的父亲也是小国家的元首,这时也和其他诸侯在一起站班行礼。但是当舜看到父亲在下面站班时,脸上的表情很难看,有点过意不去。据说孔子看了这段历史记载曾感叹说:这个天下危险了,这样不好,危险危险!意思是说,良好的文化和风气完全被破坏了。从此以后,人只重地位,只重金钱。

咸丘蒙问孟子,历史上这段话到底是真的还是假的?

孟子说:没有这件事。这种话,不是正式的史料,不是有学问修养的人说出来的,是"齐东野人"的话。"齐东野人"是孟子说出来,以后也经常提到的。他自己是邹鲁之人,但是在齐国居留得较久,对于齐国的民间习俗了解得很多。所谓"齐东野人"就是指齐国东边靠海的地带,教育相对落后地方的人。

孟子说,尧老了,一百多岁才把政权移交给舜,而且还没有完全脱手,自己仍然摄政,从旁协助,直到舜有了二十八年行政经验,尧(放勋)才去世,那时已经一百多岁了。全国的老百姓非常爱戴尧,像死了父母一样悲痛,三年当中,全国没有举行过音乐演奏。孔子曾经对尧、舜那时的制度有所感叹,说这样的体制不大好,上天没有两个太阳,国家的元首只能有一个。当时舜既然接了天子位,又带领天下各国诸侯为尧服了三年之丧,尧等于一个太上皇,这看起来国家相当于有两个元首。

但这是孔子当时没有想到的——其实后世的政体中，国家元首有正、副二人也没什么不好。帝制时的副元首就是太子，所谓的王储。到了民主时代，元首更明定有两个，一正一副。这一点，孔子三千多年前没有想到，不过没关系，孔子还是孔子，圣人就是圣人，这些小地方不足为孔子之病。

我们注意到，过去的学者，总认为三代以上的禅让天下是民主，可是我们要知道，民主并不如想象中那么简单。假如随便选一个人当国家元首，上台不到三天，可能就亡国了，毫无经验是不行的，搞政治不但要有道德，还要有经验。试看尧对舜，不是尧不肯下来，是因为辛勤培养，小心带领舜二十几年才放心。因为与国家、天下、老百姓的祸福相关，责任太大了。所以不但尧不放心，舜也不放心，后来舜把帝位禅让给大禹也是一样，先给大禹多年行政上的磨炼。司马迁在《史记·伯夷列传》中一句话点穿了："传天下若斯之难也。"上古的道德政治，禅让天下，并不容易，并不是像后世想象的禅让：搭一个高台，两个人爬上去，我把天下交给你，我就走了。事情并不是那么简单。孔子说"天无二日，民无二王"，在后世小说中常常被引用。这也可以说是我们中国文化中良好的政治体制精神，所主张的就是统一。

在《论语别裁》中，我曾引述一段亲身经历的事。一位美国哈佛大学的哲学教授来访问我时，曾说对中国文化非常敬仰,他能用中国话背《大学》《中庸》。但是他发现一个很大的缺点,就是《大学》这部书,只有尊卑上下纵向的伦理观念,没有横向的社会人际关系观念。

我毫不客气地告诉他,那是他对中国文化没有深入了解,至少也是教他中文的老师没有教好。我告诉他,《大学》的"齐家"就是社会关系。他听了愣住了,问"齐家"与"社会"有什么关系?我说:这就是你研究中国文化需要了解的。因为中国过去的家庭,都是以族姓(宗族)为一家人的大家庭,唐朝所标榜的所谓五世同堂或四世同堂等家庭,对于族姓家庭来说,已经算是小家庭,以"三代同堂"最为普遍。这种三代同堂的家庭,每代有五六个儿子,兄弟妯娌,加上许多孙子,随随便便一个家庭就是几十个人乃至几百人。拿现在部队的编制来比拟,比一排人还多,再大一点的家庭就是一连人。

在古代还不只是五代同堂,更是聚族而居,宗族连起来,就是后世的祠堂。王家村、李家村、城东何家、水西刘家,其间发生了许许多多的事。宗族在文事方面设有义学,经济方面设有义仓,武事方面设有陈寨、黄堡、邓家楼子,等等。巴金、万家宝(曹禺)等所写的小说、剧本,如《家》《春》《雷雨》《北京人》等,都是描写大家庭中的阴暗面,这些大家庭就是一个社会。"齐家"的家,并不是结婚以后,离开兄弟姊妹，连二老都丢开的那种西方小家庭，而是要齐一个家族的家。家族、宗族就是一个社会，怎么能说《大学》之道没有注意到"社会"呢？

他听了以后非常高兴，又问我一个问题。他研究中国历史，也觉得奇怪，例如战国时期、南北朝、五代、元朝，乃至于清朝，都被外族统治过。而西方的国家，如果一经外族统治，则万劫不复，从此完了。只有中国，被外族统治没有关系，而且每经过一次外族统治后，反而更加强大，这个道理在什么地方？

我对他说，你这个问题提得非常好，我告诉你，这是文化原因。自从秦汉以后，中国的文化、文字统一了，之后是政治的统一，君王帝制一直传承下来。君王政治的好与坏，那是另一个问题，但因为配合了文化、文字的统一，使我们这个国家绵延了几千年，将来也永远不会断绝。而西方的国家直到现在，仍然文字不能统一，思想不能统一，所以几千年来永远有小国存在，但也由于许多国家互相竞争，才有了今日科学文明的进步。

我们在春秋战国以前，也和现代欧洲、美洲一样，东一块，西一块，许多小国分据各地。后来因为文字语言、文化政治的统一，成为一个庞大而永不会被征服的国家。虽然现在还保存了许多地方的方言，但是仍然能够相通，因为文字相同，文化一致又统一，所谓"山河一统"，这一观念的作用非常大。

在这里，孟子提到孔子所讲的"天无二日，民无二王"的思想，就是统一。在中国文化里，"一"的观念非常重要，《易经》的数字始于"一"，老子也说"天得一以清，地得一以宁，神得一以灵，谷得一以盈，万物得一以生，侯王得一以为天下贞"，都表明了对"一"观念之重要性。修行的人，也要一念专一，才能定慧成就。

咸丘蒙曰："舜之不臣尧，则吾既得闻命矣。《诗》云：'普天之下，莫非王土；率土之滨，莫非王臣。'而舜既为天子矣，敢问瞽瞍之非臣如何？"

曰："是诗也，非是之谓也，劳于王事，而不得养父母也。曰：'此莫非王事，我独贤劳也。'故说诗者，不以文害辞，不以辞害志；以意逆志，是为得之。如以辞而已矣，《云汉》之诗曰：'周余黎民，靡有孑遗。'信斯言也，是周无遗民也。

"孝子之至，莫大乎尊亲；尊亲之至，莫大乎以天下养。为天子父，尊之至也；以天下养，养之至也。《诗》曰：'永言孝思，孝思维则'，此之谓也。

"《书》曰：'只载见瞽瞍，夔夔齐栗，瞽亦允若'，是为父不得而子也。"

前面说到统一的问题,所以咸丘蒙紧接着又提问:舜当君王以后,尧是退位的君王,在民主政治方面,可以享受优厚的待遇,但他的身份也等于平民,舜不臣尧,尧也不向舜称臣的道理我懂了,但是像《诗经》所说,整个天下,没有一寸不是"王土",这又怎么解释?

"王土"相近于现在民主时代的公有土地,但在君主时代的公,是王室的公,这个公有的土地一直到海边为止。上古时代,人类的生活行为没有到达海上,所以说普天下的土地都是王土,所有在土地上生活的人,也没有一个不是君王的子民。舜既然当了君王,尧可以不必来朝见称臣,那么舜的父亲瞽瞍怎么办?前面曾经说过,瞽瞍也是一个小国——有虞的元首,不是一个普通的老百姓,以现在来比喻,也可视为乡镇长或县长。如果举行全国会议,儿子为一国之首,处在高位,父亲该不该行君臣之礼?孟子说:《诗经》的话是有道理的,不过不能用来讨论这个问题。一个人因为担任了国家的公职,就只有公没有私,因忙碌于公事而不得养父母,对于孝养父母方面,就不免多少有所缺失。

咸丘蒙又说:如果这样讲起来,国家的大事只让一个人去劳苦,其他的人不共同负担责任吗?

孟子说:《诗经》虽然那么说,但是不能以这个逻辑来做论点,虽然担任公务,也不免于私情稍有妨碍。所以真懂得文学诗词的，不能只看文字，而忽略了文字所代表的意义；更不能因为文辞的表面，而忽略了他写这首诗的动机与目的。例如平时讲话，有时话的内容并不好，而本意——动机与目的是非常好的。对于诗，要以我们高度的思想，去推论它的本意，知道动机与目的，才可以了解古代文字的原意。比如《诗经·大雅·云汉》的"周余黎民，靡有孑遗"，原意是指周朝统一天下，没有遗漏一个老百姓。换言之，在这一政治体制之下，天下没有一个人不是周的人民。如果我们照它表面字义解释，那就变成周朝没有遗民，都死光了！

实际上周朝是有遗民的。"遗民"这一名词，是孟子首先在这里说出来的，后世也称"逸民"，逃逸、放逸的意思，也就是隐士之流。例如伯夷、叔齐就是周之遗民，他们是前朝商纣时代的子民，因为"义不食周粟"，逃到首阳山里吃野菜，隐居。所以，根据史料来说，周朝绝不像《诗经》上所说的没有遗民，不但有遗民，而且还不止两个。周朝到成王之后，政权建立几十年了，还有"殷之顽民"，就是殷商时期留下来顽强不肯投降的人，又如周朝封的宋国，也是殷商之后。

再说，周朝封纣王的叔父箕子于朝鲜，也可说是封殷商的遗民，只是不好意思说放逐，目的是把这些人送得远远的，给他们一个范围，要他们去自谋生活。

所以研究历史就可以发现，孟子到了这里，也没办法说得很透彻、露骨，他当然懂，可是不好意思多说，就到此为止，只可意会，不可言传。他的意思是，假如相信这两句诗，就会认为周朝没有遗民，可周朝真的没有遗民吗？可见文字的记载不免有点出入，如果望文生义，就更出偏差了。

到这里，对于舜是不是一个真孝子的问题，孟子作了一个初步的归结。他说："孝子之至，莫大乎尊亲。"人最大的大孝，是尊敬亲属，而亲属中最亲的是父母，因为人的身体是父母所生。一个孝子如果连亲情都没有，就根本不可能忠于天下、国家、社会。而尊亲最到家的，"莫大乎以天下养"，一个人当了君王，以天下之大的最高尊荣，来孝养父母，当然可以称为大孝子。因此以天下来养父母，也就是最大的、至高无上的孝养了。正如《诗经》上说的"永言孝思，孝思维则"，这种孝思，可以作为千秋万世的法则，也就是孝的真实含义。

我们读《孟子》到这里，会有一种感想，假如孟子在我们面前，我们一定会说：孟老夫子，你讲的理由都对，可惜你所讲的舜所建立的制度是不是事实，历史上仍找不到记载的文献。究竟上古时大舜的父亲是不是《孟子》中所说的那样，我们无从知道。历史上并没有这种资料，不知道孟老夫子读了什么"秘笈"，然后他又没有传下来，所以只有他知道。

最后他引用《尚书·大禹谟》的话作结论：舜上朝的时候，诸侯都站在那里，诚恳又恭敬，并带有一点畏惧感地行礼，瞽瞍也在那里和大家一起行礼，但是态度很自然。依据《尚书》的这项记载，所以说"父不得而子"，虽然舜是瞽瞍的儿子，但既已当了国君，他就代表国家在处理公务，代表国家精神，即使是父亲，也不可加上私情，更不可因此而马虎一点。

在这个地方，就看到中国帝制的一种优良精神，公与私分得清清楚楚。想到我的一个同乡，在中华民国的几十年历史中，他也是相当有名的，可是家乡人说他不孝，因为他常常连父亲的信都不回。后来经过求证，发现他并非不孝，而是乡人误解了他。因为他父亲常常写信为别人讲情，或推荐人做官，他虽写信给父亲，说用人是为国家，不是为家乡，请父亲不要再推荐了，可是父亲常因情面难却，或者不懂其中道理，仍写信介绍，于是他只好把信搁置不回。家乡人便说，连父亲的信都不回，真不孝，就这样骂起他来了。由这一件现代小事，也就知道古书上所记载的公私分明精神之严肃。

（选自《孟子与万章》）

天命所归：皇权认同根基的来源

万章曰："尧以天下与舜，有诸？"孟子曰："否，天子不能以天下与人。"

"然则舜有天下也，孰与之？"曰："天与之。"

"天与之者，谆谆然命之乎？"曰："否。天不言，以行与事示之而已矣。"

曰："以行与事示之者，如之何？"曰："天子能荐人于天，不能使天与之天下；诸侯能荐人于天子，不能使天子与之诸侯；大夫能荐人于诸侯，不能使诸侯与之大夫。昔者尧荐舜于天，而天受之，暴之于民，而民受之。故曰：'天不言，以行与事示之而已矣。'"

现在轮到万章向孟子正式讨论公天下与家天下的问题。

万章说：听说尧把天下政权交给了舜，有这回事吗？

孟子说：不是这个道理。

万章进一步问：舜本来是一个平民，后来却当了天子，这又是谁给他的？

孟子说：那是天意。

万章又说：既然是天意，难道老天爷下了命令，或者当面告诉他的吗？（这对师生的辩论，针锋相对，也很尖锐。）

孟子说：不是这个道理，老天爷并不会说话，只是在人事上表示出来而已。

万章又追根究底：你说上天是以人事来表示，那上天又是怎样表示的呢？（他很会问，徒弟打师父，一拳又一拳打出来，硬把师父逼向角落去了。）

孟子说：天子可以推荐下一任人选给上天知道，但是不能要求上天一定把天下给这个人选。（注意！这是圣人的话，一般人祭拜时，往往祷告说：菩萨！你一定要给我父亲和儿子福报。菩萨啊，上帝啊，都是上天的一个抽象代号，像这样的祷告就是求私情，上天是公平的，不讲私情的，所以可以为人祷告，不可以要求，你的要求上天是不听的。在佛教、道教及其他各宗教里，也只能替父母忏罪，只有祈愿，把自己的愿望祷告给上天知道，不做要求。如果上天听我的要求，那这上天也太重私情了，也就不该叫作天了。）

孟子继续引申到人事上来说：例如诸侯可以向天子推荐人，大夫可以向诸侯推荐人，但同样的道理，不可硬要求天子、诸侯给某人当诸侯或大夫。孟子以三个阶层来阐述一个道理，说明公天下的意义，这就是言语文字逻辑的技巧，堆积排列起来，整齐、严肃而且强调了语气。

接着，他又回到尧舜的本题说：以前尧自己考察了舜，的确够资格做继承人，才向上天推荐，上天也接受了。他又交给舜许多事去做，看他做事对不对，成绩好不好，各级诸侯及老百姓都认为舜做得对而接受了他。换句话说，"天听自我民听"，天心即民心，人民接受了他，也就是天意给了他。

年轻人读《孟子》读到这里，觉得天呀天的，啰里啰唆，干脆说全国人都同意他，是民主政治不就好了吗？为什么要说天而不说人？其实，孟子这里所讲的，等于现代政治哲学标榜的最高民主精神，但不是美国式民主，也不是世界各国所实行的各式各样的民主，这只近似西方民主理想、政治哲学最高的精神，但也大不相同。

孟子所说，人心就是天心，这是天人合一的境界，这种民主绝对不能有私心，绝对不能凭个人好恶做抉择，其中包含宗教性的信仰和哲学性的理念，由形而下而通至形而上的内义。现代世界各国的民主，只是形而下的。《孟子·梁惠王下》说："国人皆曰可杀，然后察之，见可杀焉，然后杀之。故曰国人杀之也。如此，然后可以为民父母。"这段话的意思是，群众的看法有时候是盲目的或情感化的，不是理性的。在《论语》中孔子也有类似的话，而现代欧美式的民主是情感化的，一个国家的成败付托在这种情感化的民主政治上是非常危险的,所以孟子始终不提民主这类名词,而是叫了半天的"天"。

曰:"敢问'荐之于天而天受之,暴之于民而民受之',如何?"

曰:"使之主祭而百神享之,是天受之;使之主事而事治,百姓安之,是民受之也。天与之,人与之,故曰:'天子不能以天下与人。'舜相尧,二十有八载,非人之所能为也,天也。尧崩,三年之丧毕,舜避尧之子于南河之南。天下诸侯朝觐者,不之尧之子而之舜;讼狱者,不之尧之子而之舜;讴歌者,不讴歌尧之子而讴歌舜。故曰天也。夫然后之中国,践天子位焉。而居尧之宫,逼尧之子,是篡也,非天与也。《泰誓》曰:'天视自我民视,天听自我民听',此之谓也。"

现在我们看孟子怎么讲天。

万章一直追问下去:老师,你说尧把舜推荐给上天,然后又推荐给老百姓,究竟是怎么个推荐法?你说了半天,都还是理论嘛!有什么具体事实?

孟子说:尧教舜去祭天,一切鬼神都来享受。

这件事,史料上找不到,只有孟子这么说。中国人过去祭祖,有自己独特的风俗,先以一桌酒席摆在祭祖香案前,上完了酒、菜、牲、汤、饭、茶这些供品,再"止乐"(停止音乐)、"灭明"(把孝堂的灯烛熄灭)、"合帏"(把孝堂的帏幕放下来),整个孝堂也许有百把人,鸦雀无声,静肃到绣花针落地可闻。持续五六分钟,接着奏《蓼莪》三章之乐,要用笙、笛、箫等管乐器演奏二三十分钟,然后才复明、启帏、奏哀乐、举哀、视馔。接着全体孝子、孝媳、孝孙,穿了孝服,手拈浸了油的红纸煤,点了火,哭哭啼啼,去看那些食物,死者来吃过没有,吃了多少。据说,有时也会少了一片鸡、半块肉,或者有移动过的样子,至于是不是老鼠、蟑螂乘寂静时来偷吃,就不得而知了,但在孝子们心目中,这就是"享"。

由此而知,中国古代的祭祀有非常浓厚的宗教色彩,但与西方宗教祭祀不同。西方的宗教政治是绝对的,只有神,没有人;中国的古代政治只是带有浓厚的宗教色彩,但不是绝对的,而是相对的,神与人合一了。研究东西方文化,这一点千万要了解清楚。几十年来有些人写中国哲学史、政治史,往往在这些关键地方说不清楚,认为中国古代的祭祀或神教政治都是迷信,其实这都是没有透彻研究而下的断语。

祀,也是宗教,任何一个民族的发展,都是由先民的宗教思想而来,但是各有不同之处。各个民族对于他们的始祖,都各有一个宗教式的神话,中国有盘古氏开天辟地之说,西方民族也有类似说法。所以,孟子这里所说的"百神享之",

就是在祭祀上得到了感应，也就是"天受之"的用意。

孟子说：尧教舜办事，他办得非常好，百姓都能够"安之"。这个安字是非常难办到的。看中国书，研究中国思想，再与西方政治哲学的主张思想两相比较就会发现，中国人说的"风调雨顺、国泰民安、安居乐业"这十二个字，就把西方人所有的政治主张、政治思想说尽了。无论什么政治主张、政治制度，做到了这三个境界就对了。反过来，若人人都能安居乐业，哪一个主义都没有存在的必要了。可见这几点实现起来太难，任何一种主义都很难达到。中国的民族性只求自己能够安居乐业，谁来管我都好。但是，几千年来，中国老百姓能安居乐业的时代实在太短暂，太少了。为了希望努力达到这十二个字的目标，后来又产生了四个字：替天行道。任何一个朝代，都要做到替天行道。行什么道？爱全民，真正的仁孝，这就是天之道。

所以孟子说：舜因为做到了"百姓安之"，就证明全民接受了他，是上天给了他天下，也是全民给了他天下，并不是尧私相授受，因为看中了自己的女婿，便私底下把江山送给女婿。舜在没有接位以前，辅助尧管理全国的政事，已有二十八年的行政经验了，这是一般人办不到的。

或者有人会认为，一个人当二十八年宰相，非常简单，没有什么了不起，哪有当不下来的？其实，这种一人之下、万人之上的事还真难做。难在上面有错误,全要自己承担;自己做得好,功劳又要归于上面,而好处是全国老百姓的。任劳已经很难,任怨更难,上面有过错,下面也有过错,都要自己去承担,上下的埋怨也集中到自己身上来,自己还不能有怨,这不是一般人可以做得到的。所以我们不妨把历朝宰相统计一下,其中最好的宰相做了多少年,当时国家政治又如何,如此一来就会知道孟子赞叹"舜相尧,二十有八载,非人之所能为也,天也"的道理。平日读书,读到这样一句,再去联想、观察历史上的事迹,才能把这句经书读通,才能"不以文害辞,不以辞害志",可以"以意逆志"而有所得。不然的话,看了这种书,就觉得没有多大道理,甚至还会认为,如果自己能当二十八年宰相,那可是高兴死了。

孟子接着说:尧去世了,舜率领全国服了三年丧,他认为自己不能以女婿的身份篡了丈人的天下,所以希望尧的儿子丹朱能继承天下,自己则避嫌走开,迁到远远的南河之南去了。可是丹朱"不肖",不肖是不像,也就是不像他父亲那么好,所以全天下还是归心于舜。一般诸侯仍然向舜报告事情,不到丹朱那里去报告;有诤讼的也到舜这里来,不到丹朱那里去;天下都歌颂赞叹舜好,没有人歌颂丹朱。舜只好接位了。所以说,这是上天给的,不是尧与舜个人之间私相授受的。后世皇帝登基上台,每用"天与人为"四个字,就是从这里来的。假如尧死了以后,舜就践天子位,立即住到尧的宫中去,把尧的儿子逼走,那算是篡位,不是上天给他的。

这就是"天视自我民视,天听自我民听",上天是从全国人民身上去看去听的,既然"天与之,人与之",全国人都拥护,也就是天命所归了。

(选自《孟子与万章》)

中国文化中政治哲学的最高精神

万章问曰:"人有言'至于禹而德衰,不传于贤,而传于子',有诸?"

孟子曰:"否,不然也。天与贤,则与贤;天与子,则与子。昔者,舜荐禹于天,十有七年,舜崩,三年之丧毕,禹避舜之子于阳城,天下之民从之,若尧崩之后,不从尧之子而从舜也。禹荐益于天,七年,禹崩,三年之丧毕,益避禹子于箕山之阴,朝觐讼狱者,不之益而之启,曰:'吾君之子也。'讴歌者,不讴歌益而讴歌启,曰:'吾君之子也。'"

万章很厉害,他和孟子辩论尧舜禅让的问题,大概不大好意思再辩论下去,但心里似乎还没有折服,所以又扯到另一个问题上去。

他说:老师你说尧、舜、禹三代是公天下,是三位贤君。可是我听说到了禹的时代,道德就已经衰落了,公天下变成了私天下,所以禹不把天下传给贤人,而传给儿子,有这个事吗？

孟子说：不！不是这样的。上天要给贤人，就给贤人，要给禹的儿子，就给禹的儿子。私心不一定就不对，难道只许别人的儿子贤，不许自己的儿子贤吗？倘若自己的儿子也是贤人，那给他也就是给贤者。（后世说孟子好辩，如果在现代，他当辩护律师的确很好。）

孟子继续说：当年，禹跟着舜做了首相，有十七年行政经验，而且又把几十年的大水灾治理好了，变成了大水利。舜死了以后，禹也守三年之丧，一切都依照舜的规矩，并且为了避舜的儿子，也迁移到阳城——山西一带去。可是民间的情形，还是和尧死后一样，都不跟从舜的儿子，而跟禹，这也是事实。伯益给禹做了七年辅相，禹死了，他也守三年之丧，避开禹的儿子，迁到箕山北面去。可是老百姓并不跟他走，而是跟从禹的儿子启，这就没有办法了，因此形成后世帝位传给儿子的风气。

丹朱之不肖，舜之子亦不肖；舜之相尧、禹之相舜也，历年多，施泽于民久。启贤，能敬，承继禹之道；益之相禹也，历年少，施泽于民未久。舜、禹、益相去久远，其子之贤不肖，皆天也，非人之所能为也。莫之为而为者，天也；莫之致而至者，命也。

匹夫而有天下者，德必若舜、禹，而又有天子荐之者；故仲尼不有天下。继世而有天下，天之所废，必若桀、纣者也；故益、伊尹、周公不有天下。伊尹相汤以王于天下，汤崩，太丁未立，外丙二年，仲壬四年。太甲颠覆汤之典刑，伊尹放之于桐；三年，太甲悔过，自怨自艾，于桐处仁迁义，三年，以听伊尹之训己也，复归于亳。周公之不有天下，犹益之于夏、伊尹之于殷也。孔子曰："唐、虞禅，夏后、殷、周继，其义一也。"

尧的儿子丹朱是不肖之子，大舜的儿子也不肖。舜帮助尧治天下，禹帮助舜治天下，有十几年、二十几年的行政经验。对下面而言，老百姓因他施政而得的恩惠太多了；对上面而言，跟天子所学的经验也太多了。这种经历得来实在不易，对于上下之间，不同意见相互交错的调和，历经一二十年的磨炼，顽铁也成了精钢。

禹的儿子启本身很贤，能够敬一切人，敬一切事，承继禹的道统，秉承父亲治国治事的精神。关于启的记载，古代另有一种标点法，就是"启贤能，敬承，继禹之道"。

伯益是大禹选择的继承人，他虽帮忙禹治天下，但历练少，行政经验只有七年，尤其古代交通不便，老百姓真正接近他、受他恩泽的还不多。所以用舜、禹、伯益三个人历史上的记录来研究，就知道与时间、行政经验有关系，时间加上行政经验，差别就很大。

这也说明了，做人做事非常重视经验，经验就是修养，也是学问。经验多了，成功已有一半。如年轻人有冲劲，但没有老年人的经验，成功的成分只有三分之一。如果因一股冲劲而成功的，那是天命，非人事也。年轻人的冲劲和老年人的经验，能配合上，那就非成大功、立大业不可。至于他们的儿子，贤或不肖，孟子说"皆天也"，这是天命，所以三分人事，七分天命，不是人力所能全部做到的。

孟子又说："莫之为而为者，天也；莫之致而至者，命也。"什么是天？不可思议，讲不出来的，可是确实有这样一种作用，等于佛家说的"业""因缘"。缘又是什么？讲不出道理，不可思议！什么是命？莫名其妙就撞上了。有的人，笨蛋一个，可是他发了财，他并没有什么本事，什么理由呢？只好归诸命。许多年轻人，生来祖宗父母就有许多家财遗留给他，而他的学问、经历、人品都不及他人，这就是命，孟子解释到这里，只好向天与命投降了。

孟子精彩的道理来了，他接着说"匹夫而有天下者，德必若舜、禹"。一个平民老百姓，没有背景，没有关系，只凭个人的努力奋斗而得到财富、权力，拥有天下的，他本身的行为道德与功业，必须达到和舜、禹那样的高度，并且具备了学问、能力等。仅仅如此，仍是不行，另外还要有个助力，因为牡丹虽好，尚须绿叶扶持。正如李斯的"老鼠哲学"，像谷仓中的老鼠，因有所依恃，才能壮大自己。

所以，一个人纵然有才具、学问、能力、道德，而没有依靠，还是不成。像孔子，才具好，学问好，能力好，道德好，可是他只能教书，不能有天下，因为没有得到建功立业的机会。又比如伊尹、周公，他们都认清了自己的立场，知道自己不能登上最高的位置，只有辅助汤和成王来治天下。

几年前，有些大学生来向我抱怨，如何不满现实，我告诉他们说，连米长在哪一棵苗上，你们都不知道，还在这里不满这样，不满那样，假如把国家交给你们治理，结果不出三个月，只有两个字——亡国。自己一点人生经验也没有，在那里乱想乱批评，毫无用处，也毫无道理。治国不是简单的事，自己在社会上规规矩矩做人，能站起来都不容易，何况为社会、国家、天下办事，更不是简单的了。

年轻朋友们自己要反省一下，你为朋友办事办好没有？办得完全美好的有几件？三五同学在一起时，做到真正和睦、精诚团结没有？三五个人的团结都做不到，两人在一起甚至吵上三天，还想治理社会、国家、天下，真是谈何容易！所以高明的人，先要自知，然后才能知人。老子更说"知人者智，自知者明"。了解别人，还比较容易做到；世界上明白自己的人绝对不容易找到。了解自己的人,才算是明白人,那就开悟了,开悟也就是了解自己,认识自己的本来面目。伯益、伊尹、周公包括孔子"不有天下",就是有自知之明,知道还缺少老天一半的助力,所以这个天下不能拿。

孟子最后引用了孔子的话:尧舜禅让是公天下,夏启、商汤、周文王继世以有天下,代代相承的天下,有公天下也有私天下,但精神是一样的。中国文化的政治哲学,不管是公天下也好,民主政治也好,帝制的私天下也好,只要是造福天下的,造福国民的,就是对的政治,否则就不对,这就是中国文化政治哲学的最高精神。

孟子所说的君道,始终围绕着尧舜打转,到禹为止,禹以后的君道,他不提了。这是为什么?道理在哪里?在当时许多人不了解,后世许多人也没有太注意,自认直承孔孟道统的宋儒也未必真的了解。后人有不同意孟子的,便写了"当时尚有周天子,何必纷纷说魏齐"这两句诗。

在孟子的时代,周朝已到危亡的时候,周天子做得很失体统,天下只有七国争雄,周天子的地位,已不被诸侯所尊重,甚至他本身还不如现代的里长。我们有个成语"债台高筑",就是当时的周赧王做出来的事,负债太多了,无钱可还,有人来讨债,便搭一座很高的台,自己爬上去,使债权人无法也不敢爬上去讨债。一个中央政府的天子到了这个地步,比清末宣统皇帝还不如,如何能够统一天下呢?

在这种情形下,还要孟子去尊王,去秉春秋大义,教各国诸侯去保持周朝文化,那比诸葛亮辅佐阿斗还难。历史已经到了该演变的时候,孟子不好意思提倡革命,只能特别强调尧舜的公天下。他已经知道姬周王朝气数已尽,无可挽回了,这个是关键。孟子只以天下、国家、民族文化为中心,不以周朝是否能继续政权为中心,所以他提倡公天下。反正都是中国人,哪一位高明哪一位上去,不要再打了,已经打了三四百年,天下的老百姓已经受不了啦!

孟子力赞尧舜的道理即在此,不会有错。几千年以来,大家对孟子的这些言论,骂的骂,讪笑的讪笑,可对于这种言论的关键,以及孟子内心的思想所在,都缺少了解,也指不出来。现在,我们可以说得明白了。孟子所作的这些论辩,可以说把吃奶的力气都用出来了,就是不好意思把内心的话直截了当地讲出来。君道者,如此而已矣!他认为,诸侯也好,平民也好,只要能够起来,使国家天下太平,他都赞成。孟子是忧国忧民的,如果他晚生一百多年,生在汉高祖时代,他一定又会感叹生的时代不好,遇到刘邦这样一个老粗了。

(选自《孟子与万章》)

第三章

政治谋略：王道还是霸道？

伟大而痛苦的春秋战国：现代世界政治形势的放大版

三千年前，中国出现以周朝王室为中心的封建诸侯联邦政治体制，实行土地公有，以井田制度建立农业经济社会的典范。两百七十多年后，从周朝王室的威信动摇，东迁洛阳作为首都开始，便进入所谓东周列国争霸的春秋战国时代。地方诸侯互相吞并，表面上虽然服从中央政府，中央周天子却只能在那里拱手观望，一点办法都没有。到了战国后期，只剩下七个大国家，西有秦国，南有楚国，中间是韩国、魏国、赵国，东北边是燕国，东边是齐国，最后由秦始皇吞并六国。

我经常告诉青年人，想要了解国际政治，就必须先要了解自己国家的历史、政治、宗教、民族。各位不管有没有出国留学，都应该对自己国家的历史有所研究，可很多同学对远古、上古、中古等历史一点都不了解。我在外国对中国的留学生讲，你们要了解世界政治，赶快去读春秋战国。现在的世界政治就是春秋战国的放大形势，在我看来几乎是一模一样。在欧美留学拿到博士、硕士学位回来，就想把某个国家的文化体制用到中国，就想治国平天下？这叫隔靴搔痒，药不对症，所以不读历史是不行的。

春秋与战国衔接起来有五百多年，这是一个非常紊乱的时代，打打杀杀，乱作一团，同时也是我们历史文化转变的伟大时代。当然，这只是站在我们现在的立场，事不干己，无切肤之痛地加个评论而已。如果我们也生长在那个时代，在那种痛苦悲愤的现实环境里，大概就不会说这是个伟大的时代了。

这个时期，百家争鸣，诸子挺秀，为后世子孙奠定了博大精深的文化基础。这深厚的文化一直流传到现在，也会一直延续到未来。从表面听来，诸子百家争鸣，那一定是何等的热闹，非常有趣。事实上，所谓争鸣，所谓诸子的学术思想，都是围绕着一个传统的中心在转，这个中心便是"道"，也就是儒道并未分家、诸子百家也并未分家的天人之际的"道"，尤其重在"人道"。换言之，诸子百家的学说，提出的主张，都是希望人民生活安乐，社会平安，使人人有安乐的一生，有一个圆满欢欣的家庭，有一个富强康乐的国家。

前面讲过，孔子亲身经历了痛苦时代的忧患。他在晚年，系统地整理了中国文化的宝典，删诗书，订礼乐，又集中精力，根据他本国鲁国的历史资料，著作了一部《春秋》，记述东周以来二百多年的政治、社会、军事、经济、教育等变乱的前因后果,同时也包含了对于历史人文、文化哲学的指示——如何是应该?如何是不应该?怎样才是正确的善恶?怎样才是正确的是非?

春秋时代的侵略吞并战争,绵延继续了二百多年,由西周初期所建立的"封建"文化基础,逐渐开始被破坏。社会的紊乱、经济的凋敝所给予人们的痛苦实在太多。简单引用董仲舒的话,便可知道那个时代乱源的要点:

> 夫德不足以亲近,而文不足以来远,而断断以战伐为之者,此固《春秋》之所甚疾已,皆非义也。

董仲舒认为,在那个时代,各国诸侯之间的霸业,都不培养道德的政治基础,因此政治道德衰落,国与国之间,人与人之间,谁也不相信谁,彼此不敢轻易亲近,即所谓"德不足以亲近"。对于文化的建立,更是漠不关心,只顾现实,而无高远的见地。国与国之间,没有像周朝初期那样远道来归的国际道德关系,所以说"文不足以来远"。因此只有用战争来侵略别人。但是他们每次发动侵略战争时,却加上冠冕堂皇的理由,不说自己要侵略别人,而是找些借口来发动战争,这就是"断断以战伐为之者"。这便是孔子著《春秋》

的动机和目的,也是孔子最痛心疾首的中心重点,"此固《春秋》之所甚疾已,皆非义也"。董仲舒说,春秋时代几百年的战争,都是没有道理的。所以也有人说,春秋无义战。

但《春秋》这部书并不是非战论,它特别强调中国文化的战争哲学是为正义而战,所谓"恶诈击而善偏战,耻伐丧而荣复仇"。例如在春秋二百多年之间,大小战争不计其数,只有两次是为复国复仇的战争,那是无可厚非,不能说是不对的。

今(指春秋时代)天下之大,三百年之久,战攻侵伐不可胜数,而复仇者有二焉。

——董仲舒《春秋繁露》

关于历史文化的破坏,政治道德的没落,则更严重。在《春秋》二百四十二年间,"弑君三十六,亡国五十二",人伦文化的道德基础,几乎都被那些有霸权的上层领导分子破坏完了。

为什么那个时代会造成这样的紊乱?

以孔子的论断,都是根源于文化思想的衰落,人们眼光的短视,重视现实而忽略了文化发展中的因果。后来董仲舒发挥了孔子的思想,便说:"细恶不绝之所致也。"所谓细恶,便是指社会人士缺乏远大的眼光，对于平常的小小坏事，马虎一点由他去，久而久之，便造成一个大紊乱的时代了。

继春秋时代吞并侵略的紊乱变局，又延续了二百多年，便是战国时期，紊乱的情形比春秋时代有过之而无不及，各个强国的诸侯重现实，社会的风气更重现实，苦只苦了一般的老百姓。

（选自《孟子旁通》《原本大学微言》）

齐桓公一匡天下：皇权政治与通儒的结合

中国有句古话说："以德服人者王，以力假仁者霸。"简简单单十二个字，就把中国历史文化"王道"和"霸道"的界别说得一清二楚。假定三代以上，唐尧、虞舜时代的政治是"以德服人"的"王道"，三代以下尤其东周以后，则都是"以力假仁"的"霸道"治权。古文辞的用意，"假"字不完全当作真假的"假"，还当作"借"字用。所谓"以力假仁"，意思是说，虽然都是用权力来统治，但也必须借重仁义之道来作号召。明白了这个道理，我们首先提出春秋五霸之首的齐桓公与管仲的故事，便可了解秦汉以后，一两千年的皇权政治与"通儒"的知识分子结合的道理。

在正史的记载，周朝革命成功以后分封，姜太公被封在齐国。这块土地原本是全国最贫瘠的，姜太公来了以后，用海水晒盐发展商业，所以到齐桓公时代，齐国已是天下第一等的富强国家。

齐桓公名小白，按照历史习惯，叫公子小白，他有个哥哥叫公子纠,彼此同胞,生在诸侯家庭中。当然,命运注定是有问题的家庭。小白少年时是个白马王子,本就习惯于豪华奢侈的生活,尤其他的禀赋个性,凡与七情及六欲有关的都无所不为,无所不会。即使他自己不会,旁边左右跟随他的人,为了讨好他,也势必引诱他学会。何况他自己又聪明,又敢作敢为,当然会养成天不怕、地不怕的个性。因此,他就变成一个贪玩、贪吃、酗酒、好色等恶性重大的世家公子。但他在心理意识上,会不会有烦恼、有忧患、有悲哀呢?那当然是有的。尤其在诸侯家族的家庭矛盾、权位争夺的利害斗争中,随时都有烦恼迫人而来。但好在他是嗜酒如命,平常大多活在醉梦之间,正如《庄子》中说,"酒醉"则"神全"。贪杯耽酒,有时如有道之士的修养一样,容易忘身忘物。

后来,管仲和至好的朋友鲍叔牙,同时被分别任命辅佐公子纠与公子小白。待到齐国发生内乱,他两兄弟的哥哥襄公无道,二人被逼流亡出走,管仲和召忽辅助公子纠逃到鲁国,鲍叔牙辅助公子小白逃到莒国。

内乱平息后,小白与公子纠彼此争先回齐国夺权登位。管仲在中途争夺战中,曾经拉弓射过小白,正好一箭射在小白的衣带钩上,幸好不死,但那却是致命的一箭。结果,小白和鲍叔牙争先回到齐国,继位称齐桓公。鲍叔牙带兵威胁鲁国:公子纠是齐国新君桓公的亲兄弟,桓公自己不好处理,请鲁国代为解决，因此鲁国杀了公子纠。鲍叔牙又要求鲁国：管仲是齐桓公的仇人，有射钩之恨，请交给我们带回齐国处理。因此，管仲就自请鲁国把他当作刑犯，交付鲍叔牙带回齐国。此前，鲍叔牙对齐桓公说，要放过管仲，请他帮忙治国。齐桓公很气愤，并不同意。鲍叔牙说：你不想在列国中成就霸业，那就算了！如果你想要治国图强称霸，就非用管仲不可，我是不及他的。

我们且看他力荐管仲的话：

臣之所不若（管）夷吾者五：宽惠柔民，弗若也；治国家不失其柄，弗若也；忠信可结于百姓，弗若也；制礼义可法于四方，弗若也；执枹鼓立于军门，使百姓加勇焉，弗若也。

齐桓公听了，就放弃仇视管仲的心结，甚至等到鲁国把他绑起送回来，就亲自出郊来迎接他。历史上描写汉高祖豁达大度，事实上，刘邦的胸襟还不及齐桓公。他因为鲍叔牙的话，赦免了管仲，把政权都交给他办，委任为相，还尊称他叫仲父，等于干爸或大爷，因为管仲比他岁数大得多。

接下来的重点，要看齐桓公与管仲的对话。

管仲说："斧钺之人也，幸以获生，以属其腰领，臣之禄也。若知国政，非臣之任也。"我是应该被砍头的罪人，但非常侥幸的，你能原谅放过我，还保全了我的头和腰身连在一起活着，只要你给我一口饭吃就好了，如果要我担任国家大政，恐怕不是我能胜任的吧！

齐桓公很干脆地说："子大夫受政，寡人胜任。子大夫不受政，寡人恐崩。"只要先生肯接受我的委任，担负国家政治的重任，那我一定做得好国家领导的重任。如果你不肯担任重责，我恐怕自己会搅崩了！说得多么坦白诚恳，所以管仲也很快地答应了，这叫作早已两厢情愿，彼此客气一番，当然一拍即合。历史上的政治，有时是很讨厌、很可怕的，但有时真如儿戏，一件天下大事，只在三言两语，谈笑间决定了全盘命运。犹如赌徒，挥手一掷，满盘皆赢，但也可能一败涂地。所以古人说："虽曰人事，岂非天命哉！"

但精彩的还在下文呢！

过了三天，齐桓公对管仲说："寡人有大邪三，其犹尚可以为国乎？"老实对你讲，我这个人有三样很大的坏毛病，据你看，我真的还可以做大事业，还可以担当国家领导人吗？

管仲说：我还没有听人讲过你的缺点（其实这是谎话，故意给桓公留点面子）。

齐桓公说：第一，"寡人不幸而好田，晦夜而至禽侧，田莫不见禽而后反，诸侯使者无致，百官有司无所复"。我真不幸，我只管好玩，不喜欢办公做事，我平生癖爱打猎，不管白天夜里,喜欢猎捕禽兽为乐,每次打猎,一定要猎获很多动物才肯回来,所以百官和公职人员也没机会向我汇报请示。

管仲说:"恶则恶矣,然非其急者也。"这种习惯,坏是很坏,但还不是最重要的。

齐桓公又说:第二,我很不幸,喜欢喝酒,白天夜里连续地喝,那些外国使节根本见不到我的面。

管仲说:这也是很坏的习惯,但还不是最重要的。

齐桓公再说:第三,我有很不好的禀性污点,非常喜欢女色,而且乱来,长辈中的阿姑、平辈的姊妹,都有被我污染的,不能出嫁的!(这就是古代大家族社会的阴暗面)

管仲说:这是坏透了的习惯,但还不算是最重要的。

齐桓公用奇怪的眼光,很紧张地看管仲:你说我有这三样很坏的习惯,仍可以担当领导国家的大任,那么还有什么不可以的事呢?

管仲说:"人君唯优与不敏则不可。优则亡众,不敏不及事。"一个国家的领导人,最要紧的是不能有优哉游哉、优柔寡断、没有智慧、拿不定主张的个性;同时也不能不够聪明,碰到事情反应不敏捷。如有这两种毛病,实在不足以担当治国重任。因为优柔寡断、马马虎虎,使部下轻视,失去崇敬信仰的重心,能干肯干的人才就别有作为了;碰到事情，如果反应不灵敏，缺乏决断，糊里糊涂，那还能做什么事呢？

其实，管仲还不好说：齐桓公，你是一个够聪明的坏蛋，正因太聪明，所以坏处不少，但你能听鲍叔牙的主张，放弃仇视我的心理，说办就办，要我来总理国事当宰相，有决断、有勇气、有气魄，敢放胆一试，可见不是笨蛋，尤其胸怀潇洒，豪爽而不自欺，敢于自我批评检讨，说自己的坏处，就不是一般人所能做到的格局了。

齐桓公一听：好的！请你先回官舍吧！过几天，再请你来，我们商量商量办吧！

管仲就说：时间是很宝贵的，哪里可以等到明天啊！

齐桓公说：那你说怎么办？

管仲立即推荐公子举、公子开方、曹孙宿三位人才，派去做鲁国、卫国、荆国的大使，先稳定国际紧张局面。齐桓公都立刻照办。然后管仲又安排外交、农业经济、国防军事、司法行政、监察等五位大臣，再次对齐桓公说："此五子者，夷吾一不如，然而以易夷吾，吾不为也。"我推荐的这五位大臣，每一个都比我强，如果把我换作他们，无论哪一部的事，我是决不干的。"君若欲治国强兵，则五子者存矣。若欲霸王，夷吾在此。"假如你只想把齐国一国的政治搞好，国富兵强，只要有这五位大臣就行了。如果你想成为列国之间的霸主，那就非我不可。齐桓公说：都照你说的去办吧！

我平常喜欢开玩笑地说，办大学，给学位，随便怎样办都可以，只有两个学位是绝对无法定位的，一是政治，一是军事。这两种是无法给予什么博士头衔的，因为这两者并不属于专才之学，而是通才之学，管仲恰恰便是这种通才。他的政治哲学和政治体制，可说是后来两千年中国帝王政权的大样板，直到现在还有它的权威价值。

这里举五点说明：

第一，他沿用姜太公治齐的方针，发展工商业经济，整顿财政，改变税制，先求利民富国。所谓"仓廪实而知礼节，衣食足而知荣辱"就是千古不朽的名训。

第二，由他手里，渐渐改变了公有的井田制度，让人民有合理的私有财产，做到了民富则国强。

第三，创立全民皆兵、全兵皆农的体制，以治军的制度编制民间社会，也可说是为后世乡镇、邻里、保甲、地方自治的创始者。

第四，民富国强、社会形态转变后，必然会产生奢侈逸乐的现象。同时，为了招徕各国商贾，他大胆开创公娼制度，以免社会产生负面阴影，破坏善良风俗。

第五，他对于传统文化的"形而上"道的哲学，犹如曾子著《大学》所说的"明明德"及"正心、诚意"之学，乃至"外用"于实际政治理论之间的理解,都有很高明的深度。如果以我的观点来看,后世儒家、理学家们未必能望其项背。无奈后人都只把他身后的著作《管子》视为政治学的学术,未免太可惜了!

凭借这些,管仲就使齐桓公做到了历史上有名的大事,所谓"一匡天下,九合诸侯"(一下子匡正了衰败的周室王朝,九次召集国际会议,安定春秋时代达三十多年之久)。所以,管仲死后九十余年才出生的孔子很感叹敬佩地说:"微管仲!吾其披发左衽矣。"唉!当时如果没有管仲出来救世救人,恐怕我们早已沦落为没有文化文明的野蛮人,披头散发,穿着前襟向左开的番装啦!

讲到这里,我们便可以总结一下,齐桓公之所以会成为霸主的几个要点。第一,他具有天生公子的身份,在当时大环境中有了机会,自然有资格登位称霸,管仲、鲍叔牙纵有帝王之才,在当时是绝不可能自立为王的。第二,他在个人私生活上,虽然坏习惯很多,但在处理大事的关节眼上,能够识人、用人、信任人,而且还有一个关键性的特长,遇事反应灵敏,决断果敢。这两点,正是管仲所希望找到的一个好老板的特质。第三,他天生有四十年成为霸主的好运,碰上鲍叔牙和管仲。

不过,也正因如此,管仲死后,这个只管享现成福的齐桓公，第三年也就完了。

齐桓公死后，五个儿子照样翻版，各自结党争立，彼此攻杀。他的尸体停在宫中床上六十七天，烂了生虫，也没有人来过问。这便是身不能修、家不能齐，自己又非治国之才的结果样板。所以《大学》说"自天子以至于庶人，一是皆以修身为本"，并非只是戒条式的虚文啊！

（选自《原本大学微言》）

拥有雄才大略的秦穆公，为何不能完成入主中原的霸业？

自春秋初期开始，秦国以一个后起的弱小诸侯，竟能逐渐自成霸业，威震四方，终春秋战国之世，诸侯国际之间，谁也不敢轻触其锋，并非偶然的事。所以贤如孔门的高弟曾子，也不得不重视秦穆公的政治文化大要。

公元前659年左右，就是周惠王时代（也正当齐桓公伐狄人，出兵救邢国的时期），在西陲的秦国，就由秦穆公（名任好）继位，他所迎娶的夫人是晋太子申生的姊姊。穆公继位一年后，晋献公故意与虞国交好，向它借路出兵，要攻打虢国，即历史上有名的"假途灭虢"之计。晋国灭了虢国，班师回来，又途经虞国，顺手牵羊把它一起灭了，俘虏了虞国君主和大夫百里奚。

晋献公得胜回国，把女儿嫁给秦穆公做夫人，百里奚则成为陪嫁的男仆。百里奚设法逃亡到宛地（今河南南阳），很不幸，又被楚国边境的老百姓抓了。秦穆公听说百里奚是很有才能的贤者，便派人到楚国去，说秦国有个陪嫁来的仆人逃亡到此，我们愿出五张黑色上等羊皮作代价，把他赎回秦国。楚国人一听有这样高的代价，就把百里奚还给了秦国。这时，百里奚也已七十多岁了。

秦穆公得到百里奚，首先亲自解去他的刑具，向他请教治国大事。百里奚说："臣亡国之臣，何足问？"秦穆公说："虞君不用子，故亡。非子罪也。"秦穆公再三耐心请教，百里奚就对他长谈了三天。秦穆公高兴极了，把治国的权力交给他，号"五羖大夫"。百里奚谦虚地说：我实在赶不上我的好朋友蹇叔，他才是真正贤能的人才，但可惜世人都不知道他。我曾经游历到齐国，流落他乡，穷困到在沛县讨饭，蹇叔收留了我。我想出来替齐君公孙无知做事，蹇叔阻止了我，使我躲过齐国一场政变。之后，我又到了周天子的都城，周王子颓喜欢玩牛，我就以养牛的专长技术和他接近，周王子颓也有意用我，蹇叔又叫我不要干，所以我离开了周地。跟着，周王子颓也在政变中被杀，我又免遭一次灾难。后来替虞君做事，蹇叔还是阻止，叫我不要干，我明知虞君不会听我的建议和计划，却贪图虞君给我的高官厚禄，因此终成亡国俘虏。我前两次听他的话，得免于难，就是这一次不听他的，所以卷入到大难之中，由此便可知蹇叔是个真正贤能的人才。

秦穆公听了，马上派人以重金作礼物，迎接蹇叔到秦国，请他担任上大夫。靠着这两位贤臣，秦国一跃而威震西戎。

在春秋时代，诸侯国际的变化很大，正在秦晋修好的五六年之间，晋国宫廷发生内乱，因此也影响秦晋之间许多事故。恰巧晋国又碰到大旱，便向秦国借粮。丕豹等大臣劝秦穆公拒绝援助，但百里奚说，晋国新君"夷吾（晋惠公）得罪于君，其百姓何罪？"秦穆公认为有理，就用舟车等运输工具，由陕西运粮救济山西的晋国。

过了两年，秦国也因天灾而闹饥荒，就向晋国借粮，可是晋惠公反而听信谗言，乘人之危，于次年出兵攻秦。秦穆公只好发兵亲自主持反攻，和晋惠公在韩地（今陕西地界）会战，晋惠公看到战场的形势有机可乘，便亲自带了少数人马冲锋陷阵，不幸马失前蹄，陷于泥淖。秦穆公和麾下人马想赶来活捉，结果不但没有抓住他，自己反被晋军包围，而且还受了伤。正在这个危急时刻，忽然来了一支由岐山下三百人组成的义军，冲进重围，不但解了秦穆公的危难，还俘虏了晋惠公。

其实，这支岐山脚下的农村游民义军，秦穆公事先一点也不知情。在几年以前，秦穆公丢了一匹最喜爱的名马，它跑到岐山下面，被农村的游民抓住，当场杀了吃掉，参加吃马肉的共有三百人。秦穆公派出去寻找马匹的官吏们来了一看，马肉正被他们放进嘴里——那还得了！官吏一边派人报告秦穆公,一边想调兵来抓人抵罪。谁知秦穆公听了报告便说:"君子不以畜产害人(君子不可以为了畜生而伤害别人),吾闻食善马肉不饮酒,伤人(我听说吃良马肉不喝酒会生病的)。"就派人专程送酒去给他们喝,声明赦他们通通无罪。

这三百人牢记秦穆公的不杀之恩,总想找个机会报答。现在听说秦穆公正和晋国交战,而且战况不利,就自动组成义军,每个人都争先冲进晋军重围,真是歪打正着,恰恰解救了秦穆公的危机,还使他打了一次大胜仗,俘虏了晋惠公,这似乎印证了秦穆公量大福大。

秦穆公这次受的刺激太大,便宣布要杀了晋惠公祭拜上天。可那时各国诸侯的宗主周天子听了这件事,便派人对秦穆公说:"晋我同姓,为请晋君(晋国是我周天子的同宗,我要求你放了他)。"同时秦穆公的夫人正是晋惠公的姐姐,当然受不了这种事,就穿了孝服、光着脚来见秦穆公:"妾兄弟不能相救,以辱君命(我兄弟犯了大错误,但我救不了他,我也只好对不起你,也不想活了)。"秦穆公一看情势,便说:"我得晋君以为功,今天子为请,夫人是忧。"算了吧!我就放他一马,叫夷吾来签约,送他的太子圉来做人质,献上河西之地。晋夷吾当然都一一照办,秦国就放他出来,请他住在国宾馆,用上等饮食款待,再送他回国,秦国国界从此扩展到黄河西岸,直逼晋国内地。

晋公子圉在秦国被配秦女为妻,过了几年后逃回晋国,继位为晋怀公。这件事又使秦国上下非常不满,便把居留在楚国的晋公子重耳迎接到秦国来。过了两年,秦穆公设法送重耳回晋国,立为晋文公。秦穆公帮助他建立了霸业,成为春秋时代继齐桓公之后第二位霸主。但过了八年,晋文公就死了,他的太子继位称晋襄公。秦穆公受了郑国一个卖国贼的怂恿,派百里奚的儿子孟明(视)、蹇叔的儿子西乞(术)和白乙丙三人为将,出兵侵袭郑国。事先秦穆公也问过百里奚、蹇叔二老的意见,二老都极力反对,但秦穆公坚决不听,因此二老就来阵前为儿子送行,大哭一场,断定此行必败,你们将死在殽地(今河南三门峡市东)山谷里。这就是《左传》一篇名文《蹇叔哭师》的故事。

秦国这次出兵侵郑,是师出无名的偷袭。有人卖国,也有人爱国。恰好郑国有位商人弦高,正在晋国边境滑地(今河南偃师市境)做买卖,买了十二头牛要赶到周邦去卖,知道秦军到此,为了自己的国家,就把这十二头牛赶到了秦军司令部去,自称郑国派来的代表。他说:郑国知道你们大国要打来了,已经做好准备,现在先使我送牛来劳军。秦国三位将领一听,认为消息已经走漏,便开会议商量,如偷袭无功,去也没有用,不如顺手把晋国的边境滑地占领了再说。

这时候晋文公刚死，丧事还未办完，晋襄公一听到这个消息，勃然大怒，穿着丧服，亲自领兵反击，大破秦军，领头的三位秦国将领当然也全被俘虏。不过晋文公的夫人是秦国人，她就对晋襄公说：秦穆公现在对这三个无用的将领恨入骨髓，希望你把他们三个人交还给秦国，由他自己处理。晋襄公也就照办。等到孟明视等三人回到秦国，秦穆公穿了便服，亲自到郊外迎接，拉着他三人大哭说："孤以不用百里奚、蹇叔之言，以辱三子，三子何罪乎？子其悉心雪耻，毋怠。"换言之，秦穆公坦然承认自己在战略上犯了错误，并不责怪三将在战术上的过错。

三年后，秦穆公更加厚待孟明视等三位将领，使将兵伐晋，大败晋人，占领了王官（山西闻喜县）及鄢（郊区），为上次在殽地打败仗而雪耻。而且秦穆公亲自由茅津（山西平陆茅津渡）渡河到了殽地，在上次打败仗的阵地上封敛士兵遗骨，亲为发丧，哭了三天。

中国的传统文化从孔子"删诗书""订礼乐"开始，特别推崇"周公"对于中国文化初期汇集大成的功劳。从此便奠定了孔子以来的儒家，对于上古以来流放四境边疆的东夷、西戎、南蛮、北狄以及"华夷之辨"的界限，只在于是否受过"华夏"文化的熏陶，或是完全属于原始的粗野无文状态的界说而已。

明白了这个主要观念以后，便可知道从周朝后期开始，初封于西陲戎、狄之间的秦国，还没有"华夏"文化熏陶的深厚基础，跟介于上古"进诸四夷，不与同中国"的戎、狄差不多。但自从秦穆公崛起，他一切的所作所为，比之当时所谓中国的各国诸侯，几乎是有过之而无不及。这就使当时还在过原始游牧生活的西戎等部落大为震撼，因此戎王便派了一位重要人物由余做代表，东来秦国参观。

由余的上代本就是晋国人，因为对晋国内政有意见，就由上辈带领出走晋国，流亡居留在西戎，但他仍然会说晋国语言，了解中原文化。秦穆公为了接待由余，特别请他参观秦国宫廷殿堂的雄伟建筑，展示国家财货储备的富有。由余看过以后便说：这些伟大的建筑如果是役使鬼神来造的，那也未免太劳神了！假如是使人来造的，恐怕使人民太过劳苦了吧！

秦穆公说：中国的文化，以诗、书、礼、乐、法度（治）作为政治领导的中心思想，但还随时会发生变乱，不能长治久安。现在你们僻处边疆的戎夷，没有固定的文化思想，那用什么来作为政治领导的中心？岂不是很困难的事吗？

由余笑着说：你所讲的正是中国的乱源所在。从中国的上辈圣人轩辕黄帝开始，创制了礼、乐、法度（治）等人文文化，并且从他本身开始实行，也只能得到小小"治平"的成果。到了后世，社会承平成为习惯，逐渐养成骄奢淫逸的风气。人们设法阻挡了上面的法度与尊严，只以法治的威力督责下面来遵守，致使下层人民疲惫不堪；反过来，便由下面埋怨在上位的，认为作为上层的领导者，都不合于仁义道德的政治标准，所以形成了上下交争、互相埋怨的现象。从此，争权夺利，上下篡位，弑杀夺权，终致灭宗亡国。这些历史事实，都是由于自认为有文化思想的差异所造成啊！至于僻处在边疆的少数民族戎夷嘛，表面看来，虽然没有什么特别的文化思想，但他们在上位的，只是内含着原始浑厚德行的纯朴作风，诚实地对待下属人民，而在下面的人民，也只知道恪守忠信来奉事上面。所以一个国家的政治，犹如一个人的身体一样（没有什么头脑和肢体的分别感受），自己也不知道什么原因，便能自自然然地治理好国家了，这样才是真正的合于圣人之道的无为而治的大原理呢！

秦穆公回到内宫，对亲信重臣廖说：我知道古人说的，邻国境内有了圣贤，那才是敌国真正值得忧虑的事。现在看来西戎的由余的确是贤才，对我们秦国关系太大，那才是秦国的隐忧，你看怎么办？

内史廖提议：戎王僻处西北边地，过去还没有接触过中原的华夏文明教育。你现在试着先送他一班擅长文艺康乐工作、能歌善舞的青年女子，使他沉醉在声色迷惑之中，并且特别提出推荐由余，要戎王再提升他的权位，使戎王产生怀疑，离间他和戎王之间的信任。而后故意挽留由余在秦国多住一段时间，不要马上使他回国，拖延他的行程。这样戎王一定会责怪由余，怀疑他有二心。当他们君臣之间因互相猜忌而不信任，你就顺势把由余虏归己用。而且戎王沉湎在声色歌舞之中，对于国内政务，必定会荒疏懈怠，那将更有可乘之机。

秦穆公立刻照办，留住由余，两人坐在一起的时候，往往相隔不远，有时秦穆公还故意要由余靠近自己，同坐一排。吃饭的时候，秦穆公还把自己吃的好菜送到由余面前，顺便问他西戎的地理形势和军事布置，因此全面了解了西戎。同时，内史廖选了一班年龄不大、受过严格训练的文艺康乐队，送去西戎演出，戎王接受以后，非常欣赏迷醉，过了一年，还不肯送她们回来。

到了这时，秦穆公才放还由余回西戎，结果由余看到戎王已经非常堕落，明白上了秦国的大当。他几次劝谏戎王要重新振作自强，但戎王再也不肯听信由余的劝谏，这时秦穆公又特别派遣人员到西戎去慰问由余，邀请他再到秦国。由余分析形势，知道西戎必然失败，不可久居，就来投降秦国。秦穆公始终以上宾之礼待他（等于请他当顾问），问他征伐西戎的战略。因此，不超过一年，史书记载，"秦用由余谋，伐戎王，益国十二，开地千里，遂霸西戎"。

对于秦穆公这一段事迹，还有三个问题需要加以说明，但也可说是"读兵书而流泪，为古人担忧"的余事而已。

一、由历史经历来看，秦穆公的器度格局的确非凡，何以在春秋初期却不能完成入主中原的霸业，而只能雄霸西陲呢？答：对于这个问题，有两个关键。一是春秋初期，秦穆公处于齐桓公和晋文公两雄之间，犹如后世曹、刘、孙的三国局面一样。秦穆公虽然器度不凡，但仍然缺乏问鼎中原的基础。二是秦穆公当国只有三十九年，在他雄霸西戎以后的第二年就死了，假如他能再活十多年或二十年，齐桓公、晋文公都成过去，那么当时的天下局面会变成什么样子，就很难说了。

二、秦穆公的一生，虽然是雄才大略，光明磊落，但生在那个时代，风俗习惯仍然还没有脱离神鬼迷信，最遗憾的是历史上记载，他死后殉葬的人达到一百七十七人之多。因此，司马迁也说：

> 君子曰："秦缪（穆）公广地益国，东服强晋，西霸戎夷。然不为诸侯盟主，亦宜哉！死而弃民，收其良臣而从死。且先王崩，尚犹遗德垂法，况夺之善人良臣，百姓所哀者乎！是以知秦之不能复东征也。"

其实，殉葬是古代社会最残酷的"鬼道"迷信。不过，也可能是在继位之间权力斗争、铲除异己的最好借口，稍有理性的古代人君并不采用。以秦穆公的一生器度，居然在死亡之际仍会有这种举动，实在有大大违反其平生的所为之疑点。就此一举，便可以抹杀他一辈子的作为，都是不值一顾的戏剧性而已。但如多去了解历史的故事，也许可以为他辩护，这种残酷的做法并非秦穆公生前的本意。

三、中国后世的英雄帝王们，受秦穆公作为的影响，甚至想把他做榜样的也大有人在，但是，一个人天生的器度到底各有不同，后人想学习榜样，往往"画虎不成反类犬"，得到完全相反的结果。

（选自《原本大学微言》）

从商鞅影响秦魏盛衰看怀柔之术

在儒家的经典《中庸》里，由个人的修身开始，发展到知人而治人，再扩充到治国平天下之道，特别提出了九项大经大法的大原则，其中第八条便是"柔远人则四方归之"。初读这一句，也许很容易把它理解为类似现代国际注重侨民或侨务的作用。事实上，读经必须读史，正如古人所谓"六经皆史也"一样，我们需要了解，春秋时代，在那个封建体制之下，整个中国还真正处在地大物博、人口还不到几千万的阶段。所有各国诸侯邦国之间，要想开发扩建土地资源及政治势力，最重要的便是充实人力和人才。因此，各国诸侯都以招徕人才和人力为政策上的首务。例如《大学》所说："有德此有人，有人此有土，有土此有财，有财此有用""财聚则民散，财散则民聚"。都说明土地、人民、财富三者的结合，是一个邦国政权稳固的基础。所以领导国家者，必有如慈母一样，怀柔四方来归的远人，才能建国富国而治国。

同时，我们更要了解，春秋战国时代，所谓智识分子的士大夫们，胸怀抱负，各自谋求出路，彼此往来于各国诸侯邦国之间，出谋划策，推销自己，是很普遍的现象。从春秋时开始流传一句"楚材晋用"的千古名言，便是由这种历史事实所得的结论。例如西秦崛起所用的名相，如百里奚、蹇叔、范雎、商鞅、张仪乃至秦始皇时代的李斯，都不是秦国本土出生的人才。但秦国的国君都能做到"柔远人则四方归之"的政策，因此而能崛起边陲，终于统一中国。

其次，如战国末期的齐国，因为工商业的发达，国富民强，号令东方，所以在齐宣王时代，各国人才，各家各派的学者专家，都纷纷奔走集中在齐国首都临淄。大儒如孟子、荀子，阴阳家如邹衍，乃至道家的方士们，通通都在临淄求出路，谋发展，这也是"柔远人则四方归之"的作用。例如 20 世纪的美国，因为它的移民政策，恰好适合"柔远人"的原则，所以能吸取各国所培养的第一流优秀科技人才归于己用，节省了本国教育培养人才的大量经费，并促使其科技文明傲视全球。这实在值得我们深思反省，对于未来将何以自处，怎样才能不使人才外流，或进一步怀柔远方来归的人才，至于保护本国侨民以及关怀外侨的政策，当然也是这一句的内涵，自然不必细说。

《中庸》那九项大经大法的最后一条，叫作"怀诸侯则天下畏之"，这是上古王道政治和后世霸道政治共通的大道理。它的重心在一个"怀"字，而并非"畏"字。"怀"有怀服、怀思、怀念，胸怀博大，足以包容各国诸侯的内涵，它是统领天下的形容词，当然不是向别人投怀送抱的意义。有关这一句，历史上唯一值得研究参考的经验，的确便是周朝建国初期那一二百年间的事实。旧史称周初封建的诸侯竟有一千八百之多，但史实资料已经很难稽考。经过西周到东周，几百年来，周室王权衰落，诸侯互相吞并，到春秋初期，仍然还存有大小几十个诸侯邦国，而且有些国家根本与姬周宗室毫无血缘关系。虽然周朝并未能完全做到天下为公的大同之治，但至少并不是如秦汉以后异姓不封王的封建统治。这种周朝王道政治的精神，倘若作为专题来发挥，那便是一部中国上古王道政治思想史的专论了，所以只能点到为止。

至于从春秋时代开始的霸道政治来研究，所谓春秋五霸之中，唯一值得研究参考的，便是以齐桓公做代表的最为像样。其次晋文公也有一点依样画葫芦的味道。其余，如宋襄公以及后起的吴、越霸业就不足论了。总之，真能做到"怀诸侯则天下畏之"，从周秦以后的历史来讲，除了汉唐两代开国初期的气象以外，实在很少有合格榜样。或者，往者已矣，来者可追，只有寄望于后之来者的作为乎！

现在我们以商鞅在魏国和秦国的经历，看一看这两国在"柔远人则四方归之"上的得失经验，以及因此带来的盛衰转变。

战国时代的魏国、韩国、赵国，其祖先都是晋国的重臣。春秋末期，在晋昭公之后，晋国公室衰弱到"六卿强，公室卑"的情势。魏国的祖先，也是晋国后期的重臣，六卿之一的魏桓子，和另外两家重臣韩康子、赵襄子，共同图谋灭了荀家的智伯以后，便三分其地而据以称强了。

跟着，也就是历史上所称的战国时期开始。魏国出了一位名主魏文侯，他是孔子门下七十二贤人之一子夏的学生，接受孔子经学的熏陶。孔子过后，子夏讲学河西，便是这个时期的事。魏文侯还有一位高明的老师是田子方，又向当时有名的高士段干木谦虚请教。他和段干木是师友之间的交谊，有很深的感情。因此他帮魏国打好基础，变成战国初期的一个文化强国。在政治方面，他起用了历史上有名的名臣西门豹，主管河内（包含今河北、河南、陕西、山西部分地区），成为中国政治史上内政修明的典范之治。

魏文侯死后，他的儿子魏武侯继位，魏武侯在文化的成就上，当然比不上他的父亲，但在武功上，则更强大。他起用了名将吴起，同时与韩、赵灭掉宗主国的晋国而三分其地。

魏武侯死后，他的儿子继位，干脆直接称王，叫魏惠王。因为他当时迁都到大梁（今河南开封），所以一般习惯又称他为梁惠王，这也就是孟子在魏国所见的那一位。

梁惠王当然比不上他的祖父魏文侯，而且也比不上他的父亲魏武侯。同时，他所处的时代环境，比起他父亲、祖父的时代，又更复杂困难，这也是事实。不过，梁惠王手下也有不少能臣名将，比如被孙膑打败的那位同学庞涓。所以，梁惠王也曾有过赫赫战功，打败过韩国、赵国、宋国，而且还能威胁鲁、卫、宋、郑等国来朝，和他建交，同时也一度和秦孝公在外交上建立短暂的和平。

可是梁惠王却有一件很滑稽的遗憾，也可说是很滑稽的损失，那便是把一个在他手里的人才，轻轻地漏过溜掉，使他后来在霸业的企图上吃了很大的亏，这个人便是使秦国变法图强的商鞅。

商鞅，卫国人，所以也叫卫鞅，因他的本族姓公孙，所以又叫公孙鞅。在当时宗法封建的社会里，他是不受人尊敬重视的一个青年，因为他的生母不是正妻，在宗法社会里没有家族地位。

商鞅从小就爱好法家刑名之学。因为在他本国不得志，而战国当时的国家之间，又正是人才交互外流的时代，他便到魏国，做了魏国辅相公叔痤的门下士。公叔痤知道他有才具，还来不及向魏王推荐，自己便生病快要死了。梁惠王去看公叔痤的病，问他说：假如你的病好不了，对我们的国家前途，有些什么话要吩咐？公叔痤说：我的门客里有一个卫国的流亡青年公孙鞅，虽然年纪还轻，却是一个奇才，希望你重用他，绝对信任他，接受他的意见。梁惠王听了，闷声不响，也不表示意见。到临走的时候，公叔痤便叫所有的人退出去，又单独和梁惠王说：如果你不肯用公孙鞅，便解决了他，不要叫他出境。梁惠王听了只好点点头，表示知道了。

梁惠王走了以后，公叔痤马上叫商鞅进来，对他说：刚才大王要我推荐我死后的辅国人才，我推荐了你，他的意思不肯接受。我的立场，先有公，再有私，先对国家贡献是事君之道，再来对你讲私话，是尽你我之间的友道。

这点要特别注意，在我们上古历史文化里，尤其在春秋、战国之间，常有这一类历史故事，充分表示一个人的人格作风，对公私的道义界别，表面看来好像很阴险，在说两面话，事实上是光明磊落地说明对君道、臣道、友道的各个立场，都需要有所交代，才是不负此心、不愧此心。如果说他是阴险，也有阴险的道德，等于后世写的武打小说，明明要用暗器伤人，但在发出暗器的刹那，还要公开叫一声"看打"，通知了，以后你能不能逃得过，就要看自己的智慧和本事了。

因此公叔痤便接着告诉了商鞅：我的心，对公对私都要尽到最大的力。所以我后来对大王说，如果不用你，便杀掉你。他似乎同意了我的意见。你赶快想办法走吧！迟了，就要完蛋。商鞅听了，对公叔痤说：你放心吧！他既然不肯听你的话用我，哪里又肯听你的话杀我呢？换句话说，商鞅了解梁惠王的心理，根本没有把他商鞅这个人当一回事。所以他还是暂时留在魏国不走。

梁惠王从公叔痤家里出来以后，便对左右亲近的人说：公叔痤真是病得昏了头，他叫我把国家大事交付给那个卫国来的流亡小子公孙鞅，那是多么荒谬的想法！真是可悲之至！

后来商鞅投奔秦国，三次游说秦孝公。秦孝公接受了他的计划，变法图强，富国强兵。

商鞅的"法治"主张，第一项就是改变经济思想，主张财产私有，针对周代的公产制度，建立私有财产制度，秦国一下子富强起来了。但变法开始的时候，遭遇打击很大，关键就在四个字，"民曰不便"，这一点大家千万注意。

人类社会非常奇怪，习惯很难改，商鞅这个划时代的改变开始的时候，老百姓通通反对，理由是不习惯。过了三百多年，新莽初年，王莽想要恢复郡县制度，把私有财产制度恢复到周朝的公有财产，他的失败又是在"民曰不便"。王莽下来，再经过一千多年，到了宋朝，王安石变法，尽管我们后世如何捧他，但在当时，变法并没有成功。商鞅个人的失败，是因为他的学问、修养、道德确有问题，以致后来被五马分尸。可王安石本人无可批评，道德、学问样样都好，他的政治思想精神，后世永远流传下来，而当时失败，也是因为"民曰不便"。

我们读历史,这四个字很容易一下读过去了,所以看书碰到这种地方,要把书本摆下来,宁静地多想想,加以研究。这"不便"两个字往往毁了一个时代,毁了一个国家,也毁了一个人。以一件小事来比喻,这是旧的事实,新的名词,所谓代沟,就是年青一代新的思想来了,老人曰不便,不习惯,实在便不了。这往往是牵涉政治、社会形态很大的问题。一个伟大的政治家,对于这种心理完全懂,于是就产生了突变与渐变的选择问题。渐变是温和的,突变是急进的。对于一个社会环境或者团体,用哪一个方式来改变比较方便而容易接受,慢慢改变它的"不便"而为"便",就要靠自己的智慧了。

总而言之,商鞅为秦国在政治上所做的改变,不只是影响了秦国的后代秦始皇,为他奠定了统一天下的基础,甚至影响后世中国几千年。

秦国变法十几年后,商鞅说动秦孝公出兵打魏国,用诈术欺骗了魏国前线指挥官魏公子卬,打了胜仗,使魏国割让河西之地求和,逼得魏惠王迁都大梁。这时候,梁惠王才深深悔恨当时没有听信公叔痤的话。公孙鞅也因此而被秦国尊封为商君,所以后来通称他为商鞅。

再过十年,秦孝公死了,他的儿子继位,称惠文王。商鞅失了依靠,在秦国政坛上败得很惨,有造反叛变的嫌疑,因此又逃亡到魏国，但被魏国拒绝，最后走投无路，被秦国追捕回去，受车裂之刑。

(选自《孟子旁通》《话说中庸》)

好勇任事的典型：赵武灵王主导赵国改革崛起

说完齐、秦、魏，现在我们来谈论赵国的霸业。主导赵国改革崛起的关键领袖，是赵国的君主武灵王，这也是历史上好勇任事的典型人物。

赵国的北边与胡人边界相连，那时候的边疆都是游牧民族，为了生活方便，同时受生活环境的影响，游牧民族好勇斗狠，服装都是短衣窄袖，甚至露出一条手臂来。而中原各国的服装，受礼乐之熏陶，向来是宽袍阔袖，走起路来"翼如也"，两只大袖子像翅膀张开似的，雍容有致，的确是很好看的。

当时武灵王为了使赵国强盛，下令改变服装，废弃原来的服饰，改用胡人装扮，希望借此富国强兵。赵国王室和大臣纷纷反对，武灵王和这些人的辩论很有趣，也有他的道理。我们姑且不论他这一做法对或不对，看看他的这些辩论，也可想见他当时的思想观念。

有一天，赵国的大臣肥义和武灵王闲聊，问武灵王有没有想过世局的变化,军事的部署,先君们如简子、襄子当年的勋业,以及和胡人相处的利害等问题。

武灵王说:后辈的君主不忘前辈君主的功勋德业,这是做君王的本分。而为人臣子的,则应该研究这些资料,吸取历史的教训,学习榜样,辅助君主,尽量发挥他们的长处。所以贤明的君主,在平时教化人民,有所作为时,就要宣扬先君的功业。做人臣的,在不得其位时,要涵养孝悌、谦让的德行;在显达时,就要为老百姓谋福,同时辅助君主的功业。这就是君道与臣道的不同。现在我想向胡、翟这两个邻邦拓展领土,以承继襄子未完成的功业,但也许我这一生都不可能实现。因为敌人弱小的话,我们才能借机拓展领土,才能够用力少而功业多,不必耗尽民力,而得到如先王般的荣耀。目前的情势是强邻压境,胡人、翟人都那么强悍,这就难办了。现在我也有我的构想,然而凡是有卓越功勋的人,在当初往往会留下不同习俗、违情悖理的恶名;有独到见解的人,在当初又往往得不到信任,往往受到顾忌和反对。譬如我打算要全国的百姓改穿胡人的服装,学习胡人骑马射箭的本领,想来一定会受到物议和反对的。

而这个肥义却是赞成他的。他说:对一件事犹豫不决,就难以成功;对一个行动迟疑不定,就难有结果。现在您不妨决定这革新的计划,不要顾虑别人的议论。正所谓:"论至德者不和于俗；成大功者不谋于众。"凡是讲最高德行的人，往往不能跟着世俗走；要成大业的人，也不必和众人商议。从前舜到有苗这个地方，曾经随俗而舞，而禹甚至曾经敞开衣服到裸体国去访问，他们都不是为了纵欲或享乐，而是为了德业上的远大理想而随俗变通。所谓"愚者暗于成事，智者见于未萌"，一个笨人在事成之后，都还不明就里；而聪明人在事情还没发生时，就已洞烛机先。您就照您的意思去做吧。

肥义说的所谓"疑事无功，疑行无名"，所谓"论至德者不和于俗，成大功者不谋于众"，是引用商鞅游说秦孝公变法的话。他这一派独裁论又牵强地把舜、禹办外交的故事引了进去，于是把武灵王说动了。

武灵王表示：不是对穿胡服这件事的本身有什么犹豫，只是恐怕天下人笑话。既然肥义你也这么说，那么我就下定决心了。于是自己先做一套胡服，准备上早朝的时候穿起来和群臣见面。

当时公子成是武灵王的长辈，素有盛望。武灵王恐怕会遭到他的反对，所以先派了一位大臣王孙绁去疏通，请公子成也响应改换胡装。疏通不成，于是武灵王亲自到公子成家里解释：服装不过是要穿用方便，礼仪也是为了处事方便。古圣先贤定下的礼法，都是因地制宜、因事制礼而来的。像南方的越国人，他们一个个剪断头发，衣装不整地露个右膀子，浑身刺满了花纹。而吴国人甚至把牙齿染得黑黑的，额上刺些怪里怪气的花纹，头上戴的是鱼皮帽子，衣服则缝得粗里粗气。在我们看来，简直就像野人，但是他们却觉得安逸而自在。总之，不同的装扮，同样都是为了因地制宜，只要对大家方便，并不一定要统一。像儒家，同是一个老师教的弟子，他们发挥的文教就各不相同。武灵王最后说，变更服装是为了便于教老百姓习武，以达到开拓领土的目的，以湔雪国耻。于是公子成同意了他的做法。

但是另一个大臣赵文又提出反对意见：自古为政的原则，就是要辅导世俗合于礼法，提高文化水准。礼制中，衣服的式样有它的常规；而人民守法，不违俗礼，是他们的本分。您现在不顾前人的礼法，要改穿胡人服装，实在有违传统文化的精神，希望您还是多考虑一下。

武灵王辩论说：你这些都是墨守成规的世俗之见，不是具有创造性的远见。就说古代吧，三代的服装各不相同，而他们都完成了称王天下的伟业；五霸的教化也互不相同，但他们也都有相当可观的政绩。有头脑的人创制礼法，一般常人就遵循他所制定的礼法，循规蹈矩地去做。贤能的人经常会评论世风习俗的好坏，而一般世人则依照流传的成规去做。礼制和习俗都是根据时代趋势在变化，这种变化是由在上位的人来领导和提倡的，而一般人就照着规范去做。现在正是在位者就当下国情制定一套因应环境需要的服制的时候，你放心好了，不必多虑。

又有一个叫赵造的，也大力反对。他的理由是，推行社会教育不一定要改变人民原来的生活形态，行政措施也不一定要变更原有的民风习俗。因民而教，据俗而为，往往收效更大。现在改穿这种奇形怪状的胡服，很可能会影响人们原来淳善的心理，教人们像胡人般一天到晚骑马打仗，也很可能会造成好勇斗狠的社会风气。反过来说，依循旧制总是稳当的，遵照原有的礼法也不至于出什么差错。

武灵王则辩论说：古代和现在习俗各不相同，到底要以哪个朝代的习俗为标准呢？历代帝王的礼法也不是一成不变地一直沿袭下来，我们又该遵循哪一个时代的制度呢？像宓戏（伏羲）、神农的时代，对犯罪的人是教而不杀；黄帝、尧、舜时代，对犯了死罪的人，虽然杀了他，内心还是哀怜同情的；到了夏、商、周，又因时代背景之不同而制定不同的法律，因国情的变化而定立不同的礼制。总之，都是以方便制宜为原则。衣服、器具的式样也都基于同样的原理而有变革，不一定要效法古代一成不变的。一个开国的明主，虽然不承袭古法，仍然可以领导天下。至于夏、商衰败的时候，虽然没有变更古制、礼法，却也一样灭亡。所以反古不一定不对，而遵循礼法也不一定好。至于邹、鲁两国的服装奇特，但民风不正，那是由于他们没有卓越的领导人才。他最后说：遵循法度的作为，绝不可能有盖世的功勋；效法古代的成规，也不足以适应现实的环境，我的决定大致不错，你就不要反对了吧。

这篇史料有很多高明的道理，可以启发大家的慧思，所以建议大家去阅读一下原文。

武灵王和大家辩论一番后，仍然下令全国上下改穿胡服。大家都系皮腰带，穿皮靴，把衣服袖子改小，把前襟向左开，同时把乘车改为骑马，教导士兵每天骑马出外打猎。

这一番经营确实收到了一时的效果，国内的军队强壮了起来。据传说，武灵王长得非常威武，身高八尺八寸。古来称赞男子汉，有"昂藏七尺躯"的说法，他的身高自然在一般人之上了。而且相貌堂堂，有龙虎之威，满脸的络腮胡须，皮肤黝黑而发光，胸脯有两尺宽，比起拳王穆罕默德·阿里还要威武，总之是"气雄万夫，志吞四海"。

他亲自带兵，去攻打胡、翟的边界，拓展了好几百里领土。有了这次辉煌的成果，他的野心逐渐扩大，接着又开始打秦国的主意。于是把王位传给宠爱的吴姬所生的次子，立为惠王，而自称主父——太上皇，自己干起情报工作来。他假冒是赵招，奉赵王之命出使秦国，暗中却带了一批测量人员,一路上探测秦国的山川形势,居然到了秦国的首都,谒见了秦昭襄王,应对得不卑不亢,也很得秦王敬重。但到了那天半夜,秦王想起这名赵国的来使仪表如此魁梧轩昂,不像是一个普通臣子,而且传说赵武灵王长得非常雄武,觉得不太对劲,等到天一亮,就派人到大使馆去请这位大使来,而赵武灵王推说有病,拒绝前往。过了三天还是没去,于是秦王派人强迫他来,这时他已经逃走三天了。

可是,这位有雄才、有谋略的武灵王结果如何呢?因为被废的太子与继承王位的赵惠王争权,互相残杀,而他一个人被困在沙丘的宫里,活活饿死了。真是智足以知人而不足以知己,才足以取人而不足以自保。至堪浩叹!

(选自《孟子旁通》)

心理变态的秦始皇，是暴君还是可怜人？

秦孝公任用客卿商鞅变法，实在是历史上一件大事。但不到二十年，秦孝公便死了，秦国上上下下所有埋怨愤怒的情绪就都集中到商鞅一身，所以秦惠王一即位便杀了商鞅，但商鞅推行的法治政制仍然未变。十年之后，战国七雄在苏秦、张仪两个同学手中，用合纵连横的策略，以国家间相互利害关系，互结防御协定，使战国的局面暂时安定了二三十年（下一章详述），这是中国历史上书生谋国的一大奇迹。再后来，秦昭襄王崛起，自称"西帝"，遣使尊齐国国君为"东帝"，早已目无中央周室的王朝了！不过三十年，周王朝就被秦国所灭。

由秦孝公即位到秦昭襄王灭周，先后也不过一百多年，即公元前361年到公元前256年，可以说是秦国真正新兴鼎盛的时期。此后，不出十年，便有秦始皇嬴政的崛起，逐步消灭六国，建立皇权一统的新中国。但在这样的历史大势之下，我们也该清楚，时势能造就一个有变态心理的秦始皇，完全是由阳翟（今河南禹州）商人吕不韦的谋略所造成的。谁也想不到当时一个无关大要的人物，一件满不在乎的小事，经过时间的推移，便会形成影响后来一国或天下的历史大事，这就是"虽曰人事，岂非天命哉"的道理！

有关秦始皇嬴政的身世，与吕不韦奇货可居的商业投资计划，都是史有明文、不必讳言的实事。这个历史故事就发生在秦灭掉周的前一年，也就是秦国杀名将白起的公元前257年。这个时期，秦昭襄王为了战略上的需要，把太子嬴柱的宠妃夏姬所生的儿子异人（后来改名叫子楚）交与赵国做人质。异人虽然是秦国皇孙，但是太子次妃所生，并不十分得宠，所以随便被当作牺牲品来用。秦虽然有人质在赵国，照样无所顾忌地随时出兵打赵国。因此，异人在赵国是被冷落、监视的人，当然很受罪受苦。恰巧吕不韦为了生意到邯郸，碰到异人，他以久经商场的敏锐眼光判断，异人是"奇货可居也"，倘若自己"囤积居奇"，将来一定可以大发其财。所以他便和异人结交做朋友，异人自然也高兴极了。

吕不韦的运气真好，异人回到秦国不到六年，昭襄王嬴稷便死了，太子嬴柱即位，不过只当了三天秦王也死了，经过吕不韦一番运作而成为皇太孙的子楚（异人）顺利即位，史称秦庄襄王。他尊华阳夫人为太后，称亲生母亲夏姬为夏太后，起用吕不韦为相国，封文信侯。吕不韦从此"封侯拜相"，一人之下，万人之上，独享富贵尊荣！

秦庄襄王不到三年也死了，十三岁的儿子嬴政即位。嬴政纵使聪明绝顶，此刻到底还是个不成年的孩子，因此国家大权都交给相国吕不韦，称吕不韦为"仲父"，等于二爸爸或干爸，吕不韦因此独揽朝政十二年。可惜，他的商业政治计划虽然获得了绝无仅有的成功，但他只知权位和富贵的可贵，却毫无学养上的"内明"和"外用"，又常常出入宫廷与太后私通，毫无避讳，终于因嫪毐兵变事件的牵连而身败名裂，结束了可惜又可怜的一生。

同时，趁着吕不韦和嫪毐事件发生，由秦廷宗室大臣发起，决定驱逐各国诸侯宾客，不准外人在秦国从政，这是秦人狭隘的本土主义作祟，对秦廷长期任用外来人才担任政要的反弹。由此又引出一个年轻书生李斯，当时他也在被驱逐之列，所以写了篇流传千古的《谏逐客书》。这样的事乃是千古以来政治圈中派系斗争的常事，都由于人性的极度自我自私的弱点所形成。例如，清代三百年间历史，始终存在北人与南人之争，学阀权要的门派意见之争，朝廷与外藩的权力之争。当然，不只中国如此，欧美各国也是一样，归根究底，都是人性阴暗面所造成的。

以秦国来讲，自秦孝公开始，起用商鞅、张仪、范雎、吕不韦乃至李斯，凡与秦国逐步富强壮大有关的历史名臣，几乎都是外宾,秦国朝廷和秦国社会只是坐享其成,但在浓厚的地域观念上,又始终彼此不服气,因此形成中央权力上的派系风暴,这是每个主政者最头痛的事。不但政治圈中如此,就连现在的商业集团、公司、行号、工厂、店铺,只要有三人以上的地方,就会出现人事摩擦。好在少年的秦始皇还算明白,看了李斯的《谏逐客书》,停止驱逐宾客,使外来的人才不散。因为秦始皇从小跟着父母在赵国长大,而且见惯宾客成群的场合,知道利弊。换言之,当时所谓驱逐宾客,便同现在所谓的"裁员",多少也有裁减冗员、减少预算的作用。但在国家大政上,有时因此而受的影响,可能会非同小可,因此宋代名臣苏辙对于这件事大有感想,写了一篇《六国论》。

总之,结束了上述这几件事,嬴政才算是正式亲政,他的运气真不坏,十六年间,便消灭了韩、赵、燕、魏、楚、齐六国。这中间最有名的历史故事,就是燕太子丹使刺客荆轲刺秦王。其实,燕太子丹与嬴政小时候都在赵国做人质,是同患难的好朋友,当然也认识嬴政的父母与吕不韦。到了嬴政继位为秦王,燕太子丹又被燕国派到秦国来做人质,但秦始皇并不买账,没有特别礼遇他,只把他当一般诸侯人质看待。燕太子丹气愤极了,偷偷逃脱回国,想尽办法找到刺客荆轲,想用暗杀手段刺死秦王,这段历史就是后世中国武侠小说的前奏。

从国际角度来说，燕太子丹回国，不从政治、经济、军事上发愤图强，却出此下策，他本身实在还不及当时的三大公子——齐公子孟尝君、赵公子平原君、魏公子信陵君还能做救亡图存的工作。也许这就是战国末期的现象，真正到了人才气数已尽，徒使孺子成名而已。所以唐代名臣杜牧在《阿房宫赋》里就说："灭六国者，六国也，非秦也。"

从此以后，秦始皇统一中国天下，废弃周代以来的封建诸侯制度，划分全国行政区域为郡县，便于统治。他绝对想不到因此一举，恰好为中华民族的统一奠定了千秋基础。接着，他又北逐匈奴，修筑长城，南收南越，巡游四方，在咸阳大兴土木筑阿房宫，甚至在死前三两年焚书坑儒，成为遗臭万年、矢上加尖的大暴政。他在王位三十七年，称皇帝十二年，五十岁就死了，三年以后，秦朝也亡了。如从哲学、文学观点来看，正如宋代词人朱敦儒所吟唱：

青史几番春梦，红尘多少奇才。
不须计较与安排，领取而今现在。

就"焚书"来说，周青臣的恭维和淳于越的争议，秦始皇都命令大臣们会议讨论过。结果，丞相李斯特别提出"史官非秦纪皆烧之"、"非博士官所职"都烧了。李斯是权倾一时的首相，又是儒者荀子的学生，所以秦始皇采取他的意见，下命令写了一个"可"字。你说他是独断独行吗？如果现在依法平反，该判"焚书"之罪的是李斯和楚霸王项羽。而且当时所烧的书，是指私家藏书，但博士官有的藏书集中在咸阳宫中，后来被项羽放一把火，连同阿房宫一起烧了。但苏东坡却认为"焚书"的罪过应该由荀子来负责，因为李斯是荀子的学生。

至于"坑儒"呢？在秦始皇统一中国称皇帝的时候，不但设有"博士"官职，录用来自诸侯各国的儒生，其他在咸阳做官或吃闲饭的"宾客"还有不少。"坑儒"的事件发生在他死前两年，那时阿房宫也早修成了，他天天沉湎在酒色之中，自我逃避，自我麻醉，就是朝中的大臣们要找他请示也很困难，不知他在哪里。

他既怕死，又想寻找长生不老药吃，那当然是百病丛生、精神很不正常的人了。照现在来说，有糖尿病、高血压、前列腺阻塞等，甚至还有莫名其妙的多疑和恐惧症。所以他在宫中，看见从外面经过的丞相车队卫兵很威风，心里很不高兴。过几天，丞相的车队卫士减少了，他就怀疑当天跟随身边的人泄露了他的状况，通通都抓来杀了。

偏偏在这个时候，有儒士侯生、卢生两个人，互相谈论，背后讥笑他，并且不想为秦国做事，偷偷逃走了。秦始皇知道了，勃然大怒说"诸生或为妖言以乱黔首（老百姓）"，使御史去查办。这是历史真实记载。为这件事，他大发脾气，叫执法御史依法查办，也并没有说立刻要杀人。但"诸生传相告引，乃自除犯禁者，四百六十余人"，可是，一班在咸阳的儒生，为了表示自己清白，自写坦白书、悔过书后，有的还密告他人，一个牵连一个，互相告密，因此构成犯法的共有四百六十人。弄得他更暴怒了，下令把他们通通活埋。千古以来的书生们都是"眼高于顶，命薄如纸"，平常喜欢高谈阔论，批评说理，滔滔不绝，一旦有事，大都推过别人，自卸罪责，这也是世情之常，令人不胜悲叹！

由于这件事，虽然他没有下令要活埋天下读书人，但确实使人很震惊，引起知识分子和一般人们的反叛情绪。因此，他的大儿子扶苏也看不下去，对他说："诸生皆诵法孔子，今上皆重法绳之，臣恐天下不安。"谁知秦始皇听了更加大怒，立刻下令外放扶苏，派他到蒙恬所管的军区当监军，就这样种下祸根。他死后，太监赵高假造遗命，要扶苏、蒙恬自杀，提早促成亡秦的后果。这就是秦始皇后期精神变态到了最严重的时候，造成所谓暴君暴行的由来。

如果由儒家"齐家、治国"的观点出发，来看秦始皇的一切，你可能不会跟着史书的观点，随便叫他暴君，反而可能很同情他。他因家庭身世的暧昧，引起心理变态和精神病症，长期压制着内心的痛苦和愤怒，又怕天下人看不起他，所以随时遇事，便会迁怒他人。加上身居帝王宝座，由传统宗法社会赋予权力，社会人群不得不尊奉他为天子，自然就使喜、怒、哀、乐任性而为，变成一个骄狂自负的帝王。至于治国之道，因为他本身根本缺乏儒道或他家文化的教养，可以大胆假定地说，他完全传习了吕不韦的大商贾习气。

现就秦始皇的治国之道，提出两点简略来谈。

第一点，严刑峻法。秦国自商鞅用"法"治国开始，到秦始皇时代，并无变更。一个国家社会，只讲究法治，可以使国富兵强，处处有规律、有准则，但是百姓就缚手缚脚，处处寸步难行，动辄得咎，随时可能触犯刑章，变成罪人。偏重用"法"治国，法理逻辑越严密，执行的弊端就越来越多。因为社会随时在变，人事也随时随地在变，法律规定也会随时随地增加。立法执行的政府变成无情的机制网，领导国家的帝王位在法律之上，自有特殊的裁决权，即使不是暴君，也不得不变成暴君，任何一个大小的领导者，必定是众望所归、众怨所集的焦点。

例如，号称现代民主法制的美国，也拥有法律繁多的弊病，"律师"变成美国人民咒骂祸害的代名词。所以老子说："法令滋彰，盗贼多有。"他希望的"无为"之治，是无法规的自治。

所谓"天网恢恢，疏而不漏"，是无条例的自律。孟子也说："徒善不足以为政，徒法不能以自行。"专讲法治，最后使立法执法的人自己也走不通了。历史上说秦始皇以"严刑峻法"治国，所以速其灭亡。其实，秦始皇懂得什么法不法的，他只是奉行秦国祖宗以来的法治，加上他个人的迁怒于人的暴行而已。

第二点，设置郡县。自三代以下，以及周朝分封诸侯建国的制度，都是从宗法氏族的传统而来的，长达千年以上。所谓中国上古的分封诸侯，并不同于西方文化的部落封建，其中大有差别，不可混为一谈。而且在周秦时期，所谓"国"字，就是地方政治单位的名称，并不全同于后世"国家"的概念。

历来都说周朝初期分封诸侯，号称八百之多，究竟诸侯国的数字有多少，现在很难考证。但在周朝所封的诸侯，并非完全是姬姓的家族，不像秦汉以后的帝王们，非同姓不封王的作风。因为"姬周"建国文化的精神，正如孔子《春秋》大义所标榜的，是以"兴灭国、继绝世"为宗旨。所以当时封建的诸侯，有的是找出尧舜以前对于人民有建功立德的人物的后代来封侯建国的，例如炎帝的后代等。甚至把以后的殷朝后代，也照样分封为诸侯，绝不是后世那一套赶尽杀绝的做法。

这就是从上古宗法社会重视"孝"道的观念而来的。我要孝顺我的祖宗,你也要孝顺你的祖宗。我要尊重我的族姓,你也要尊重你的族姓。上古人口不多,人民生活的经济来源都靠农业生产,尽管分封诸侯就国,但农业生产的土地仍属中央王朝所公有,只是规划为"井田"制度,达到共有共享的目的。诸侯各国相安无事,同奉中央王朝的周室为共主。

秦灭六国之后,改天下为郡县,推翻千年以上的封建传统,为后世中国留下大统一的大业。不过这也并非秦始皇有什么特别过人之处,而是因为他自小跟随吕不韦长大,耳濡目染,懂得大商贾的经营方法。等于现代人明白商业管理,中央是个母公司,是有绝对表决权的控股公司,天下各路郡县是子公司(分公司),只听总(母)公司的决策来执行业务。秦始皇懂得吕不韦的经营手法,所以决定改封建为郡县。又如明代朱元璋,因为当过和尚,所以建立明朝的官职,有些完全照寺院里僧职称呼和做法,如"都察""都监",乃至封僧官为"总统""统领"等,都是禅门丛林制度设立的名称。

话说回来,秦始皇改建天下为三十六郡,郡置守,廷尉李斯的建议也很有道理。李斯认为,"五帝不相复,三代不相袭""周封子弟,子孙甚众,然后属疏远,相攻击如仇雠,天子弗能禁"。秦始皇说:"天下共苦战斗不休,以有侯王。赖宗庙(说是靠祖宗的保佑)天下初定,又复立国,是树兵也。

求其宁息,岂不难哉!"因此决定改制。由此来看历史的经验,要求政治和社会习惯转变是很不容易的事,可是暴君却成为改变历史的革命者,只不过坐享改革成果的并非他本身而已。

当秦始皇死后五六年,轮到楚(项羽)汉(刘邦)相争未决的时候,郦食其对刘邦建议,再来封建六国的后人,必定可以得到天下人的拥护。刘邦听了,认为很对,马上叫人快速刻铸大印,就要叫郦食其代表他去分封六国的后人为王,刚好张良进来,刘邦正在吃饭,就顺便告诉张良这件事。张良说:

臣请借前箸,为大王筹之(借用你的筷子当算盘为你盘算)。汤、武封桀、纣之后者,度能制其死生之命也。今大王能制项籍之死命乎?……武王入殷,发粟散财,休马放牛,示不复用。今大王能之乎?且天下游士,离亲戚,弃坟墓,从大王游者,徒欲望咫尺之地。今复立六国后,游士各归事其主,大王谁与取天下乎?且夫楚惟无强,六国复桡而从之,大王焉得而臣之乎?诚用客谋,大事去矣!

刘邦一听,立刻吐出嘴里的饭,大骂:"竖儒,几败乃公事!"照现代话坦白地说:这个穷酸的书呆子,几乎把老子害惨了!听他的话去办,我的大事就完蛋了!他命令赶快把那些封侯的印销毁了。

　　由这个历史故事你就可以知道，当时的人们对于习惯已久的分封体制是多么难以忘怀啊！后来刘邦打垮项羽，建立汉朝的政治制度以及官职名称和法律，大体上都是直接沿用秦朝的一套，再经过几代才慢慢有所改变。

　　甚至到了现代，我们如果去查宗族的家谱，就会发现，注明最先的祖宗，来自颍川郡、南阳郡等地名，那就是照秦汉旧制行政区域的专称。由此可见宗法氏族社会，对统一国家、团结民族的价值。但宗法氏族不是种族问题，可不能混为一谈。"治国"犹如"齐家"一样，你想改变自己家族生活的旧习惯，也是很不容易的事，需要从本身的"修身"开始，以身作则，有耐性、有方法地慢慢转化才行，何况国家是许许多多家族的组合体呢！

（选自《原本大学微言》）

第四章

人生哲学：书生与豪杰

苏秦与张仪是中国历史上的两个名人，过去称他们为游说之士或说客，意思是专门玩嘴巴的。一个书生，用他的嘴巴，凭他的脑筋，摆布整个世界的局势，在中国的历史上，最知名的就是这一对。

我们现在以苏秦、张仪为中心研究历史，对春秋战国时代会有很深的启发，许多道理都可以在这里看出来。这就牵涉到历史哲学问题。讲历史哲学，有两个重要观点，一个观点认为人类历史是重演的，另一个观点认为人类历史是进化的，不会反复重演。这两个观点其实可以融会贯通，历史的现象、事物的变化并不一定重演。譬如我们现在穿的西装，同古代衣服的式样就不同，但是大原则——人要穿衣服——则是一样的。

懂得历史就懂得现在，懂得现代也就懂得古代，我们知道了历史的原则是一样的，要了解自己国家历史文化的演变，看苏秦、张仪的故事，自然可以找出很多的重点来。尤其我们这一代人，生活在世界变乱的动荡时代，几十年来大家都有许多经历,以这许多不同经历来看历史上的事迹和世界的大势,观点自然也不同。

(选自《历史的经验》)

所有的势运都讲究一个时机

在中国历史上，后世研究史学的儒生们，并不重视苏秦，也看不起苏秦，但是这些大人先生暗地里都还是模拟苏秦的那一套，甚至还特别喜欢用他的名言，尤其是当时代在变乱之中，要想拨乱反正，苏秦的那一套是不容忽视的，可那并不简单。

苏秦是洛阳人，与孟子同一时代。东周的洛阳是中央周天子的另一首都所在地，尽管那时天下诸侯眼里已经没有周室，但东、西两周的首都到底还是有它悠久的历史文化，苏秦出生在这样一个古老文化的名都，也是很值得注意的。

传说他在少年时，和张仪、孙膑、庞涓几个人，都师从鬼谷子。鬼谷子的确是一个神秘人物，也属于道家之流的隐士。孙膑和庞涓出山以后，正值多事之秋，所以他们在军事战争上有所成名，而苏秦、张仪和他们不同，走的是政治路线。

苏秦离开鬼谷子，便想有所作为。他研究局势，只有秦国足以称举足轻重，能够影响整个天下。那时的秦国是秦惠王时代，也正是商鞅变法以后，逐渐富国强兵的时期。他满怀希望，大概先变卖产业，又借了些债，置办得很豪华，带了很讲究的行装到秦国，见到秦惠王，提出对天下事的整套构想和计划，这就叫作"游说"。那时候还没有什么考试取士的用人办法，一般学者知识分子都靠游说诸侯权贵而取得功名富贵和权力。即如孟子见梁惠王、齐宣王，提供王道德政的意见，也都属于游说的做法。不过，后世有些人把游说这个观念打入了纵横之学、策士之流的范围，很看不起，所以特别把亚圣孟子的事迹列于游说之外。

苏秦第一次见秦惠王所提出的说辞，是标榜王道的做法。不过，他是针对当时的实际状况，特别强调自己的军国思想与战争理论。他一开始就把秦国要统一天下的想法，秦国的地理条件、经济条件、人才、军备等优越的地方都说出来了。结果，非常有趣，他的计划被秦惠王否决了。难道说，当时秦惠王的野心还不及他的裔孙秦始皇吗？

秦惠王说：据我所知，一只羽毛还没有长丰满的鸟儿，是不可能高飞的。一个人文教化还没有培养成功的国家，是不可以随便征伐别人的。同样的道理，德政方面，还没有扎下深厚的根基，是不可以随便动员国民的。领导人的政治教化与感召力量，还不足以使全民由衷地顺服，是不可以再三加重责任，劳烦自己的高级干部去担负更艰巨的任务的。你苏先生今天很有心地不远千里来到我的国家,肯这样当面教导我,非常感谢。不过,希望等到将来会有那么一天,再向你诚心请教。之后就是端茶送客了。

这一段在古文中怎么记载的呢?文字写得美极了,可是现代人读起来不大容易了解当时的现场实况,所以便马马虎虎地看过去,认为这些老古董没啥意思。《战国策》上的原文是这样写的:

秦王曰:"寡人闻之,毛羽不丰满者,不可以高飞。文章不成者,不可以诛罚。道德不厚者,不可以使民。政教不顺者,不可以烦大臣。今先生俨然不远千里而庭教之,愿以异日。"

可是年轻的苏秦还要装呆,不肯马上告退,继续讲下去,想搜肠刮肚把他的学问知识都翻出来,以支持他所构想的统一天下的蓝图。他说:只是讲理论没得用,古代所有明主贤君都希望不打仗,只要内政修明,就有人来投降。但这只是理想,用道德政治来感化人是不可能的,最后不得已,还是要用战争。和平只有在强有力的情形下才能谈的,否则谈不了,这就是他的"兵胜于外,义强于内"八个字。最后苏秦刺激秦惠王,等于在骂他:现在一般国家的嗣主们，都不懂这些大道理，都沉溺在言语辩论上，空谈理论，所以推论起来，我看你秦王也是做不到的，也和他们一样草包。

老实说，这时候苏秦的主张对不对？没有一点是错的，但是高明不高明？很笨！因为秦惠王答复他的话已经讲到底了：你这些道理我全知道，但时机还没有成熟，还不到时候就不能打。所以苏秦这时到底还只是一个书生，所谓"话不投机半句多"，秦惠王面对这样一个年轻人，该有多讨厌！

这还没有完，这一回对秦惠王的当面游说不成功，苏秦还住在秦国的旅馆里，一次又一次地写计划，写报告，送给秦惠王，希望他采纳。结果，上了十次的计划报告，秦惠王没有半点下文答复他。换句话说，秦惠王根本没有理他。不过还算好，并没有把他驱逐出境。可是，也没有给他一个小职务干干，或者送他一些路费。

这一下，苏秦真完了。带出来的黄金快用完了，身上穿的那件充阔佬用的皮袍大衣也破了，大概还有一点点零钱，可是绝对没有交际费用，再也没有长期住下去的能力了，因此只好乖乖地收拾行李回家。

原文对苏秦回家的一段情景，虽然只用了简明扼要的三十六个字，却描写得活灵活现，痛苦不堪。

赢縢履蹻，负书担橐，形容枯槁，面目犂黑，状有愧色。归至家，妻不下纴，嫂不为炊，父母不与言。

我们读中国古文，当然先要认得字，知道了每个字的字义——说文、训诂，再来会意，便可知道作者当时描写得细致入微。看故事是有趣得很，但读了以后，也为苏秦的遭遇觉得很惋惜。

可是苏秦到底是了不起的青年。他遭遇到这种情形，既不怨天，也不尤人，只是自己重重地叹一口气："妻不以我为夫，嫂不以我为叔，父母不以我为子，是皆秦之罪也。"你看，这是一种什么胸襟！什么器度！他对于目前周围的情形，一点都不迁怒怨恨到别人身上去，只是深自反省自责，认为他的太太、嫂嫂、父母等人对待他这种情形，都是他自己的不是、无能，并没有埋怨他们的冷淡，更不会借酒浇愁，或者打人揍人！

其实，苏秦的这种遭遇，并不特别，古今中外的人情，大体上都同一例。我所谓大体，当然不是说社会上所有人、所有家庭都如此。假如我们把历史上许多成功成名人物，在他艰难曲折的阶段，都搜罗来做一番研究，你便可以看出社会的人际状况，大概都是如此，反而觉得见怪不怪了。如果自己认识不够，非常介意这种反面的情况，便会产生愤世嫉俗等心理，甚至无论你日后有成就没有成就，对人对社会很可能形成一种仇恨的偏差心理。

（选自《孟子旁通》《历史的经验》）

历史是非，自有公论

现在我们来看看苏秦当时发愤图强的故事。

乃夜发书，陈箧数十，得太公《阴符》之谋，伏而诵之，简练以为揣摩。读书欲睡，引锥自刺其股，血流至足。曰："安有说人主，不能出其金玉锦绣，取卿相之尊者乎？"期年揣摩成，曰："此真可以说当世之君矣！"

他回到家里，在那种重重打击的情形之下，不怨天，不尤人，已经太难得了。同时他又踏实地作一番自我检讨，因此，他在含垢忍辱之下，连夜检阅自己的藏书。那时的书是很难得到的，"箧"就是书箱，古代的书装在竹制的箱子里，就叫书箧。在几十种古书里，他特别找出了姜太公所著，与《阴符经》有关的谋略之学，重新研究，仔细抉择它的精要。"伏而诵之，简练以为揣摩"这两句话是重点。这个"伏"并不是说跪下来读，而是待在家里不出去，正如上海话"孵豆芽"的意思,躲在家里,连人都不敢见,专门研究学问。"简"就是选,选书中的重点。"练"是熟练,把选出来的重点搞熟。"揣"是用手比算,"摩"是摸摸看,思想上的揣摩就是研究人家的心理,研究当时各国间的形势,每一国领导人心理上需要的是什么。

这样足足用了一年的功,自己有了信心,说了一句:"安有说人主,不能出其金玉锦绣,取卿相之尊者乎?"这句话要特别注意,他有了信心,并没有为国家、天下、人类、社会着想,只求个人的成功。他说:只要找到一个老板,一定可以把这老板口袋里的宝贝、黄金、美钞都装到自己的口袋里来,不但可以拿到钱,还有当宰相的绝对把握。他自认为一定可以做当政的人,成为政治上的权要,所以又出门了。

在战国后期,所有盛极而衰的强国,尽是一片纷纷扰扰的局面,都畏惧西边崛起的强秦,没有哪一国真敢和秦国抗手争衡的,即如孟子所见最大的、最古老的齐国之君齐宣王,也不例外。那么,苏秦这次出门游说,要想实施合纵抗秦的计划,实在也真不容易。不要说在当时有如此之难,放在任何一段历史上,一介平民书生,毫无背景,毫无凭借,要想掌握天下于股掌之间,成立一个空头联合战线的王国,除了苏秦以外,实在也找不出第二个。

所以,我们读历史,不管从哪种角度来衡量,随便怎看不起苏秦的作为，他毕竟还是有对时代贡献的功绩。他后来能够南北奔走，把国家间联合战线组织成功，身佩六国相印，在私的方面，果然耀武扬威地让嫂子等家人羡慕不已；在公的方面，也着实做到了吓阻强秦不敢轻易发动战争，因此而使战事连绵的天下时局，一直安定和平地过了二十多年，不但当时六国诸侯深受其利，间接地也让当时天下各国人民能够喘息安居，半生免于战争戎马的祸患，实在是很大的功德。虽然他只考虑现实利益，以个人主义为出发点，但是他所造成事功的伟业，岂可轻易地抹杀？事实上，即便换作孟子，在当时也有所未能，如照孔子评论管仲等人物的语调，假如孔子迟生在苏秦之后，也许会给他一句"可谓能矣"的评语呢！

历史的是非，到底也有公论，我们只要看一看刘向著《战国策》的序言，便可知苏秦的确也有可贵可爱的一面。

如刘向所说：

夫篡盗之人，列为侯王，诈谲之国，兴立为强，是以转相仿效。后王师之，遂相吞灭，并大兼小。暴师经岁，流血满野，父子不相亲，兄弟不相安，夫妇离散，莫保其命，泯然道德绝矣……

故孟子、孙卿（荀卿）儒术之士，弃捐于世。而游说权谋之徒，见贵于俗。是以苏秦、张仪、公孙衍、陈轸、代、厉（苏代、苏厉，苏秦弟）之属，生纵横短长之说，左右倾侧……

然当此之时，秦国最雄，诸侯方弱。苏秦结之，时六国为一，以傧背秦。秦人恐惧，不敢窥兵于关中，天下不交兵者二十有九年……

战国之时，君德浅薄，为之谋策者，不得不因势而为资，据时而为画。故其谋扶急持倾，为一切之权，虽不可以临教化，兵革救急之势也。皆高才秀士，度时君之所能行，出奇策异智，转危为安，运亡为存。亦可喜，皆可观。

我们要注意，苏秦第一次游说的失败，是先走强国的路线。这一次他再度出门游说，经由赵国，先到北方的燕国，打动了燕文侯的心，最后愿意把全国的力量托付给他，以便从事南北联合阵线的合纵工作，并且给他足够的活动资金，又为他装备豪华的外交马车。如《战国策》所记：

燕王曰："寡人国小，西迫强秦，南近齐、赵。齐、赵强国也。今主君幸教，诏之合从以安燕，敬以国从。"于是赍苏秦车马金帛以至赵。

从此苏秦便一路顺利地到了赵国来游说赵肃侯，结果赵

王也和燕文侯一样,愿意把国事全部托付给他,而且比燕王更加倍地供给苏秦活动资金和外交排场。如所记:

赵王曰:"寡人年少,莅国之日浅,未尝得闻社稷之长计。今上客有意存天下,安诸侯,寡人敬以国从。"乃封苏秦为武安君,饰车百乘,黄金千镒,白璧百双,锦绣千纯,以约诸侯。

你看!这一下苏秦的神气更大了。他到了韩国,结果韩宣王又说:"敬奉社稷以从。"接着,他到魏国来说动魏襄王,也就是被孟子批评"望之不似人君"的那个魏襄王,结果魏襄王也同燕、赵、韩一样完全听命于苏秦。苏秦再到齐国,来见那位向孟子请教过,结果话不投机的齐宣王,齐宣王也是"敬以国从",向他拱手拜托。最后,他到南方说动楚威王,楚威王当然也以"谨奉社稷以从"作结论。

到此,司马迁写《苏秦列传》便说:"于是六国从(纵)合而并力焉,苏秦为从(纵)约长。并相六国""纵约长"相当于现在所谓联合国的秘书长。"并相六国"是说他同时兼任燕、韩、赵、魏、齐、楚的辅相职务。

苏秦组织联合战线的合纵计划,由北到南一路外交活动成功之后,他必须回转北方,向开始发起的燕、赵报告。在北上的途中，必须经过故乡洛阳。这一路行来，后面侍从的车驾阵势，非常浩大。随行的行李和卫队，当然也可想而知，真是威风十足。更何况各国的诸侯都派遣了特别使节来欢送他。那种神气，简直就相当于当时执掌政权的诸侯王者一样，因此搞得当时在洛阳的中央天子周显王听了这种情况，心中也有点惴惴不安。因为苏秦本来是他中央直辖治下的平民，并且在他第一次出来游说时，也曾先向东周提出过意见，结果被打了回票。所以这次周显王更显得有些难堪，只好派专人为他清理还乡的道路，又加派一位代表远到郊外去欢迎他。

（选自《历史的经验》）

义与利之间的取舍

现在我们继续看苏秦回到故乡后的记述，不但是很有趣味的历史故事，同时也可以启发我们对人生观的哲学思想，以及做人处世，在义、利之间的取舍，非常值得注意。

先看《苏秦列传》这一段绝妙原文：

苏秦之昆弟妻嫂侧目不敢仰视，俯伏侍取食。苏秦笑谓其嫂曰："何前倨而后恭也？"嫂委蛇蒲服，以面掩地而谢曰："见季子位高金多也。"苏秦喟然叹曰："此一人之身，富贵则亲戚畏惧之，贫贱则轻易之，况众人乎！且使我有洛阳负郭田二顷，吾岂能佩六国相印乎！"于是散千金以赐宗族朋友。

初，苏秦之燕，贷人百钱为资，及得富贵，以百金偿之。遍报诸所尝见德者。其从者有一人独未得报，乃前自言。苏秦曰："我非忘子。子之与我至燕，再三欲去我易水之上，方是时，我困，故望子深，是以后子。子今亦得矣。"

这段原文接在当时中央政府的天子周显王也派特使出来欢迎之后。苏秦当时那种威风荣耀，比起唐朝的士子们考取了进士便自比作登仙而升天的情景，远有过之而无不及。这个时候，他的父母兄弟妻嫂，全家人都出动到郊外去欢迎他。等到苏秦的全副仪仗到家以后，他的兄弟、太太、嫂子们，都不敢拿正眼来面对着他，只敢低着头，偷偷地拿眼角瞄视他，而且都弯着身子，用半跪式的姿态侍候他，等着他来吃饭。

苏秦看了这种情景，就笑着对他的大嫂说：你在我当年失意回家时，不肯为我做饭，现在为什么又这样多礼呢？我们读了苏秦这句"何前倨而后恭也"的问话，果然觉得他也未免有点小气。但要知道，这是人之常情，除非真正的圣哲，可以淡忘过去的嫌隙。不然，任何一个平常人，都会有这种介意的心理。只是耿耿在心的介意，没有采取难堪的报复做法，已经算是第一流的豪杰之士，何况苏秦还坦坦白白地用笑脸说出他的幽默话呢！好了，理论少讲，我们快看这一幕家庭闹剧是怎样演出的。

他的嫂子听了苏秦类似讥讽的幽默以后，脸挂不住了，生怕苏秦会拿权势来报复她，干脆便一跪到地，扑下了身子，正如后世所谓的"五体投地"般拜倒在地，一面向他道歉，一面说了一句非常坦白的良心话：因为我现在看到你官位又高，钱又多，所以我要对你好好地巴结了！这句"见季子位高金多也"真让人拍案叫绝，如果也用金圣叹批小说的手法来讲，可批："好个苏大嫂！可以浮一大白。"

苏秦问得讥讽、幽默，苏大嫂答得也真够坦率，真够心直口快，说出了千古人情的真话。人与人之间的真诚礼敬，是要极高度的学问修养才能做到；否则，绝对纯朴，没有学识的人也能做到。除此之外，人与人相处的礼敬态色，不是为了权势的高位，就是为了你多金值得重视。如果既有高位又多金，如苏家的老三，当然会有人向他拍马屁了。

季子，是苏大嫂在家里叫苏秦老三或三叔的口头语，并不一定是苏秦的名字。不过，古人的口语，记之于文字，后来往往便把它当作了文词。我想这种人生滋味的经验，在每个人的心史上，或多或少都有过记录的。只是在苏秦这里，叔嫂两人的对话中，坦白地说出了人情世态的真相，便觉得够刺激！够痛快！

我们要特别注意原文中"况众人乎"这句话的语意。为什么呢？苏秦的语意是很坦白地说：像我苏秦这样有出息的人，虽然有一半是运气，但是也算难得了。至于一般平常的普通人，根本就不可能有这种努力的成果，有这种好运的机会。因此，世界上注定要受委屈的人，还不知有多少哩！这便是苏秦的哲学观点，他的书生本色，的确明通世故，透达人情到了极点，所以他的成就，也并非偶然侥幸得来的。

我们要知道，像苏秦那样的人物，在踌躇满志的时候，仍然能不失书生本色，幡然领悟到人生哲学的道理，总算不太容易。但是，苏秦是属于豪杰之士的人物，豪杰也是凡人，不能以他的一个人生，来概括一切的人生观念。另外如孔孟一系的儒家圣哲们，他们的人生哲学，一开始发心立志，便要"为天地立心，为生民立命，为往圣继绝学，为万世开太平"。就如各个大宗教教主的救世淑世主义者，当然又比苏秦的人生境界高了许多。其他如道家的隐士，那种遗世独立的情操，又是另一种人生类型的风格。

因此，我们在现实的人生社会里，必须有独立不群的澡雪精神，才能挺拔在"位高金多"的俗世之中。例如，宋人陈仲微有一段对人生观的名言，实在可作为热衷于富贵中的清凉剂。他说："禄饵可以钓天下之中才，而不可啖尝天下之豪杰；名航可以载天下之猥士，而不可以陆沉天下之英雄。"

在艰苦中成长成功之人，往往由于心理的阴影，会导致变态的偏差。这种偏差，便是对社会、对人们始终有一种仇视的敌意，不相信任何一个人，更不同情任何一个人。爱钱如命的悭吝，还是心理变态上的次要现象。相反地，有器度、有见识的人，他虽然从艰苦困难中成长，反而更具有同情心和慷慨好义的胸襟怀抱。因为他懂得人生，知道世情的甘苦。

苏秦是豪杰之士,所以他在领悟到人生的正面和反面、人性的美好和众生相的丑陋以后,便慨然拿出千金,普遍散赐给宗族和朋友们,同时还报答过去穷困时对他有恩惠的人。当他第二次出门到北方去的时候,有一位乡邻,借给他一百钱做路费,他便数倍地回报,还了他一百金。这种举动,看起来、说起来很容易,事实上,到了自己头上,要痛痛快快、慷慷慨慨地做起来,就真不容易。

(选自《历史的经验》《孟子旁通》)

只学谋略不讲道义，不可取

《史记·苏秦列传》记载："苏秦既约六国从亲，归赵，赵肃侯封为武安君。乃投从约书于秦，秦兵不敢窥函谷关十五年。"但后来刘向在《战国策》的序言上却说："秦人恐惧，不敢窥兵于关中，天下不交兵者二十有九年。"这里与《史记》所载相差十四年的问题在哪里呢？司马迁说的十五年，是苏秦手里的事。刘向说的二十九年，还包括了张仪和苏秦的兄弟苏代、苏厉等当政的年限，而这些人的功绩，又不能不归于苏秦的谋略。

比如苏代，便是经苏秦的培养，在苏秦遇刺后成长起来的。

苏秦是在齐国被刺，一下受了重伤。齐宣王听说后，非常生气，他因为爱才，特地亲自去慰问，并且追问凶手是谁。苏秦真是高明，他很清楚，自己受伤太重，已经没有希望，但临死时还想出报仇的方法。他告诉齐宣王，查凶手的方法很简单，只要在他死了以后，对外宣称，苏秦本来就是为燕国到齐国来做间谍的,现在把他刺死了,对国家的贡献非常大,凶手有这样的大功,应该给予奖赏。齐宣王照做,果然找到凶手杀掉,替苏秦报了仇。

苏秦过后,弟弟苏代起来了。最初,他到齐国、燕国,都不大受欢迎。可是不知道苏秦写了或读了什么秘籍,后来可能被烧掉或失传了,而当时竟然教会了他弟弟,所以苏代尽管最初不受欢迎,但经他三言两语一说,那些君主又听他的,相信他而任用他了。

这里举一段有趣的事。

原来,燕国是派苏代去齐国做间谍的,这时齐国已经由齐湣王继位,他本来认为苏代是个政客,两边跑的,不太理他。可是苏代很厉害,最后还是说服了齐湣王,暗中帮了燕国的忙,甚至于齐国要他带兵去打燕国,结果打了败仗,齐湣王还是相信他。他又利用当时的国际情势,使齐湣王派他出使到燕国。燕王哙见自己的间谍回来了,问苏代,齐王可能称霸天下吗?苏代说不可能,因为齐湣王"不信其臣",这的确也是实情。

齐宣王是相当有器量的,那时候天下贤能之士,如孟子、邹衍等名贤,都集中在齐国,齐宣王很尊敬他们,这些人讲的话他也听,但接不接纳是另外一回事。他等于设立了一所研究院,用很高的待遇养这些人,你们讲演也好,开座谈会也好,尽量去吹你们的,我却有我自己的一套,并不偏爱某一人,也不专采某一人的建议。结果他的儿子齐湣王也一样,而且更有甚焉——"不信其臣"。

燕王哙知道齐国已不能称霸天下,于是放心了,同时听了这句"不信其臣"的弊端,便专任权臣子之,让他负更多的权责,最后还效仿尧舜,让位给子之,导致燕国内部的大动乱。

这里还有更深一层的秘密,原来子之早就看出苏代是个很厉害的角色,所以教他的儿子积极追求苏代的女儿,两个年轻人结了婚,子之和苏家早已成为儿女亲家,而且在苏代奉燕王之命到齐国做间谍以前就有深交,苏代自然要帮着亲戚,所以寥寥"不信其臣"四个字,不着痕迹地种下了燕王哙让国的前因。再加鹿毛寿说的"人谓尧贤者,以其能让天下于许由……今王以国让于子之……是王与尧同行也",于是演出了一幕食古不化的丑剧。

说回苏秦。最近我听人说,又有新的出土资料(马王堆《战国纵横家书》),足以证明苏秦在齐国并没有被刺死,可能只是受伤或是伪装受伤,他是道道地地的功成身退,归隐去了,还活到相当长的岁数。我没有亲眼看到这些资料,还只是道听途说而已,假如真有其事,那么我们对于苏秦的评价还要高得多了。这样一来,范蠡的逃名归隐,虽然独步于先,后继的苏秦却也很高明,他使写历史的人更弄不清他的下落,岂不是比范蠡逃得更有趣?真不愧是鬼谷子的弟子。根据后世道家的神话传说,当苏秦功成名遂之后,便回去找他的老师鬼谷子学道修仙去了。

不管如何,苏秦一生的作为,在历史文化上,很明显地可以看到,他是一位非常高明的豪杰之士,他既不想做英雄,当然也谈不到圣贤。但我们也不能像过去学者们的成见一样,只把他打入谋略家,好像他只懂得纵横捭阖的阴谋策略,完全忽略了他挽救战乱危机,措置和平达二十多年的贡献,有多少人都在他的一念卵翼之下而安享了天年?只要我们仔细研究一下战国末期的战史,包括国际性、地方性的大小战争,便可知道过于轻视苏秦的功劳,那也是很不公平的。

那么,为什么又说他不想做英雄呢?很简单,在左右逢源、摆布天下于指顾之间时,他没有一点想走那三家分晋或田氏篡齐的野心作为。就如他在燕国以及在赵国受封武安君那段时期,也没有过分干扰燕、赵的实际内政。再拿他得志回家、分财施人的作风来对比研究,便可想见他书生本色的个性的确有过人之处。

司马迁特别为苏秦写了一长篇的列传,不厌其详地记述合纵之情形,也实在有他的深意。关于苏秦死后的传说究竟如何,他也有点怀疑,只是资料不足,不敢写得太过分,但是他对后世一般人对苏秦的看法也不太同意，不过不能说得太明显，恐怕后来的人不讲道义，只想学谋略，画虎不成反类犬，那就不好。我们只要读一下他在《苏秦列传》最后的评语，便可知道了：

太史公曰：苏秦兄弟三人，皆游说诸侯以显名，其术长于权变。而苏秦被反间以死，天下共笑之，讳学其术。然世言苏秦多异，异时事有类之者皆附之苏秦。夫苏秦起闾阎，连六国从亲，此其智有过人者。吾故列其行事，次其时序，毋令独蒙恶声焉。

（选自《历史的经验》）

智者心计与说话的艺术

张仪是魏国人,小的时候和苏秦是同学,《史记》上写他们跟鬼谷子"学术"。"学术"并不是真搞什么学问,而是学如何拿到功名,很讲现实的一套东西,就是权变之术。

读书的时候,苏秦自认不及张仪,《史记》上只记了这样一笔,没有说为什么。后来看张仪的传记,我找出一个答案:张仪的出身比苏秦好一点,所以有点太保脾气,比较豪放,耍得开。环境比较好一点的人,进取心就差一点,所以读历史读多了,对于一个人的成功会感到很奇怪的,有许多人的成功,连他自己本来都没有这样的想法,却硬是有机会逼得他走上成功的道路。正所谓:"我本无心求富贵,谁知富贵逼人来。"这就看出一个人如果没有环境的刺激,反而容易堕落。

张仪就是如此,等苏秦得志了,张仪还在优哉游哉,在一个当楚国宰相的好朋友家里做第一等宾客,手面很阔,随便花钱,满不在乎,一般人看他吊儿郎当,好像品行不高。

有一天这位宰相家里丢了白璧,宰相家里人怀疑是张仪拿的,把张仪捆起来打个半死。回到家里,太太就说他,这冤屈都是读书读来的,如果不读书,就没有这种事。张仪当然受伤很重,看见太太这样难过,就问自己的舌头还在不在,太太告诉他舌头当然在,张仪安慰太太,不要紧,只要舌头还在,就没有关系。

《史记·留侯世家》说张良"以三寸舌为帝者师",也等于说吹牛不犯法,但据我们的经验,只有吹牛的成本最大。而且,吹牛的对象更难找,因为能听吹牛的人,比吹牛的人还要高。诸葛亮会吹,刘备会听;张良会吹,汉高祖会听。没有对象,再吹也没有用。

等到伤好了,张仪听朋友的劝,才去找苏秦。这时苏秦已经很了不起,可是苏秦自己心里有数,知道所玩的一套不是真道德,也不是真政治,为了个人功名富贵而把齐、秦等国玩弄成这个样子,如果被拆穿就不得了,必须制造出一个敌人来。他当时的敌人是秦国,不需要另外创造,可又有谁能去说动秦国,来和自己的计划对抗?他心里想到的只有张仪,刚好这时张仪来了,于是就想办法刺激他。由此我们看到,一个环境好的青年,有本事,可是懒,不肯动,非要刺激他到没有办法的时候,他才去干。

张仪到了秦国,所说的一套,就是《战国策》里的《张仪说秦王》。我们看这一篇文章，除了了解历史经验，其中的许多观点、思想，对我们理解现在的时代、国家、世界乃至个人，仍然值得参考。

张仪所游说的秦王，也是秦惠王。苏秦去看秦惠王，两个人谈不拢。现在列国情势大变，秦惠王正需要这样一个人，刚好张仪就来了。

张仪说秦王曰："臣闻之，'弗知而言为不智，知而不言为不忠'。为人臣不忠当死，言不审亦当死。虽然，臣愿悉言所闻，大王裁其罪！"

各位即使不研究法家的韩非子，至少也要看《史记》上韩非子的传记。韩非子再三提到"说难"，人与人之间说话最难，尤其借言语沟通政治思想更为困难。《战国策》这一段文字也反映了这个重点，这段文字表面上没什么了不起，实际上很重要。我们要学习说话的艺术，就要注意张仪这开头三句话。

第一句，实际上不知道却乱讲的人，这是不聪明。

第二句，知道了却不讲的人，这是不忠，对君王不忠的人该死。

第三句，知道了，也讲了，但讲得不详细、不清楚，这种人也该死。

实际上张仪的意思是，我要详详细细说给秦惠王你听，你不要不耐烦，一会儿看表，一会儿又说要开会。但是他不便也不能这样直说，所以要说反话，最后还加上一句，我把所知道的利害得失全部说给你听，如果说错了，甘愿领罪，这么一来如果真错了，秦惠王也不好意思责怪他。短短几句话，什么都讲到了，这就是说话的艺术。

臣闻："天下阴燕阳魏，连荆固齐，收余韩成从，将西南以与秦为难。"臣窃笑之。世有三亡，而天下得之，其此之谓乎！臣闻之曰："以乱攻治者亡，以邪攻正者亡，以逆攻顺者亡。"今天下之府库不盈，囷仓空虚，悉其士民，张军数千百万，白刃在前，斧质在后，而皆去走，不能死。罪其百姓不能死也，其上不能杀也。言赏则不与，言罚则不行。赏罚不行，故民不死也。

他首先把列国局势分析下来，这都是苏秦的玩意儿，可是他决不攻击苏秦，因为这时他已经知道是苏秦培养了他，这个时代就在他俩的手里玩。

张仪说：他们这种合纵的形势，我觉得好笑，秦王放心，没有什么可怕。世界上有三个大原则，违反了其中之一，国家就非亡不可，个人就非失败不可，现在他们这个"联合国"已经违背了这三样必定败亡的原则。哪三个原则呢？"以乱攻治者亡，以邪攻正者亡，以逆攻顺者亡"，都是说国家的内政要清明。燕、魏、楚、齐、韩、赵，每个国家的内政都很乱，真正修明的政治还在秦国，所以后来秦始皇能统一天下并非偶然，是上代替他打好了政治基础，再由商鞅变法以后，内政一路建设起来的。

他再分析天下局势。

第一，他们这些国家，经济不能独立，后勤缺乏补给，民生没有弄好，却把所有人力都放到前方备战，所谓"白刃在前，斧质在后"，这八个字不要只作文学上的欣赏，仔细研究起来，前进则有敌兵之白刃相向，畏惧退阵，后头又有斧质相加的死刑要承受，这就是描述古代兵士在战场上的进退两难。实际上，这样的军队遇到真正的战争，只会掉头就跑，绝没有人冒死打仗。

为什么呢？任何一个时代，任何一个国家，人民所以不会打仗，所以不肯尽忠，不肯牺牲，主要是由于领导的错误。政治上最重要的就是"赏罚"两个字，历史上很多人在这里犯错误，甚至当家长的对孩子的赏罚都要注意，奖惩之间实在很难。张仪说：现在他们各国，要赏的不给，说的没有用，要处罚的也没有彻底执行，大家马马虎虎，没有责任感，所以士兵就不肯牺牲打仗了。

今秦出号令而行赏罚，不攻无攻，相事也。出其父母怀衽之中，生未尝见寇也。闻战顿足徒裼，犯白刃，蹈煨炭，断死于前者，比是也。

他回过来说秦国，政治修明，命令贯彻，赏罚分明（这是商鞅变法以后的好处）。许多年轻子弟，因为国家富强，环境舒适，从离开父母的怀抱起，就没见过敌人，他们一到了战场，精神就来了，一顿足，脱了衣服，光着膀子，看见刀子都不怕，就是烧红的火炭都敢踩上去，死了就死了，愿意牺牲的人多的是。

秦国的老百姓为什么会做到这样？张仪说："夫断死与断生也不同，而民为之者，是贵奋也。"断死与断生，在人的心理上是绝对不同的，断就是断然，就是决心，断死是决心牺牲，断生是决心求生。秦国的青年所以会断死于前，是养成了一种战争责任感，不怕死的精神，能够奋发，非牺牲不可，有个人的牺牲才有国家的强盛，因此秦国士兵"一可以胜十，十可以胜百，百可以胜千，千可以胜万，万可以胜天下矣"。

今秦地形，断长续短，方数千里，名师数百万，秦之号令赏罚，地形利害，天下莫如也。以此与天下，天下不足兼而有也。是知秦战未尝不胜，攻未尝不取，所当未尝不破也。开地数千里，此甚大功也。

从开始到这里，一路下来都是高帽子，好听的，而又都是真实的。高帽子也不能乱送，秦惠王是个当领袖的人，笨也不会笨到哪里去，所有的资料他都清楚。张仪把秦国当时所处的列国情势、政治环境、地理环境、军事环境、一切准备都分析清楚，最后，他说出秦国当前所应该采取的措施，实际上也就是张仪自己心里所希望造成的局势。

然而甲兵顿，士民病，蓄积索，田畴荒，廪仓虚，四邻诸侯不服，伯王之名不成，此无异故，谋臣皆不尽其忠也。

在这里我们就看到张仪处理思想的方法。古代所谓"以说动人主"，就是指张仪这样用嘴巴分析利害关系，非要打动对方的心不可，使他听了这个话，非动情不可，认为有道理，非上这个当不可。有一句话叫"揣摩人主之意"，当然"人主"是指帝王而言，以个人来说，做一个小单位主管也是一样，下面总要慢慢揣摩你的意思，把你的个性等都了解清楚，这当然有正反两方面的作用。

现在张仪把秦国的好处先讲了，可是再看下去，我们也知道，苏秦合纵之后，秦国已经没有办法，很吃亏了，国防战线拉得那么长，国防经费那么多，无法打仗，停在那里，大家心理上都很困顿，储备慢慢耗尽，农业、手工业、生产都荒废了，国库都空虚了。秦国这个内外处境，想称霸天下是不可能的。苏秦这样一个书生，在七八年之间，居然已把秦国弄成这个窘态。张仪告诉秦王，秦国之所以到这个地步，就是左右文臣武将，没有真正尽心贡献意见所致。

话说到这里，张仪引用过去历史的经验，告诉秦王，要挑起战争。他希望秦国出战，但没有直接教秦王非打不可，他只拿历史的经验来说，提到齐国。

> 臣敢言往昔：昔者齐南破荆，中破宋，西服秦，北破燕，中使韩、魏之君，地广而兵强，战胜攻取，诏令天下。济清河浊，足以为限；长城、钜坊，足以为塞。齐五战之国也，一战不胜而无齐。故由此观之，夫战者，万乘之存亡也。

秦在西边，齐位于现在山东及河北一带。他说：历史上齐国称霸的时候，那么了不起，四面攻破各国，一个命令下来，列国都听他的。而且，齐国西有济水、黄河，北有长城做防线，这样一个国家，各方面受敌，只要一次大败仗，国家就完了，所以这个国家的命运注定非打胜仗不可，由此可以看到战争的重要。

张仪说："且臣闻之曰：'削株掘根，无与祸邻，祸乃不存。'"砍去一棵树要挖根才彻底，但不要碰到旁边的树，如把旁边的树根也挖掉，就成问题，这个祸就闯大了。这是中国农业社会的老话，也是做人的道理，凡事挖根要彻底，不要留下祸根，但是对与此事无关的部分，不要轻率地去伤害，伤害了就闯祸。

接着，他指出秦国的近代历史，批评秦国的不对，第一个错误，是在军事策略上犯了许多错误。

秦与荆人战，大破荆，袭郢，取洞庭、五都、江南。荆王亡奔走，东伏于陈。当是之时，随荆以兵，则荆可举，举荆，则其民足贪也，地足利也。东以强齐、燕，中陵三晋，然则是一举，而伯王之名可成也，四邻诸侯可朝也。而谋臣不为，引军而退，与荆人和。令荆人收亡国，聚散民，立社主，置宗庙，令帅天下西面以与秦为难，此固已无伯王之道一矣。

他说：你们一度和楚国作战，破了楚国，拿下郢（现在武汉以北一带），取下洞庭、五都、江南，一直打到现在安徽一带，楚王也逃亡躲到陈国不敢出来。当这个时候，如果秦国一路追击下去，整个楚国就可以拿下来，进而控制东面的齐国、燕国，中间可以驾凌于赵、魏、韩三晋之地，秦国一战可以称霸天下。可秦国的决策不是这样，反而引军而退，打有限度的胜仗，跟楚人谈和。结果，楚人又慢慢恢复，强起来了，变成秦国的敌人，这个错误犯下去，秦国就不能做"联合国"的盟主。

下面是秦国的第二个错误。

天下有比志而军华下，大王以诈破之，兵至梁郭，围梁数旬，则梁可拔。拔梁则魏可举，举魏则荆、赵之志绝，荆、赵之志绝则赵危，赵危而荆孤。东以强齐、燕，中陵三晋，然则是一举而伯王之名可成也，四邻诸侯可朝也。而谋臣不为，引军而退，与魏氏和。令魏氏收亡国，聚散民，立社主，置宗庙，此固已无伯王之道二矣。

秦国有一次在北方打仗，打得很好，已经打到魏国都城大梁，把大梁城包围起来了。拿下大梁，就可以拿下魏国，那楚、赵就不会有斗志，赵危楚孤，一路下来，也可以称霸天下（这里要注意，张仪没有说统一，不像后来秦始皇要消灭人，这里是只想称霸）。结果秦国的谋臣又是不准打完胜利的战争，撤兵回来，与魏国讲和，魏国又壮大起来。

第三个错误，他谈到秦国的内政。

前者穰侯之治秦也，用一国之兵，而欲以成两国之功。是故兵终暴灵于外，士民潞病于内，伯王之名不成，此固已无伯王之道三矣。

穰侯（秦国权臣）当政的时候，兵力用得太过分，想用一国兵力完成两国的事，于是服兵役的人终日奔波于外，国内工商业衰落了，农村破产。

接着举出赵国的例子。

赵氏，中央之国也，杂民之所居也。其民轻而难用，号令不治，赏罚不信，地形不便，上非能尽其民力，彼固亡国之形也，而不忧民氓，悉其士民，军于长平之下，以争韩之上党，大王以诈破之，拔武安。当是时，赵氏上下不相亲也，贵贱不相信，然则是邯郸不守，拔邯郸，完河间，引军而去，西攻修武，逾羊肠，降代、上党，代三十六县，上党十七县，不用一领甲，不苦一民，皆秦之有也。代、上党不战而已为秦矣，东阳、河外不战而已反为齐矣，中（山）、呼池以北不战而已为燕矣。然则是举赵则韩必亡，韩亡，则荆、魏不能独立,荆、魏不能独立,则是一举而坏韩、蠹魏、挟荆,以东弱齐燕,决白马之口以流魏氏。一举而三晋亡,从者败,大王拱手以须,天下遍随而伏,伯王之名可成也。而谋臣不为,引军而退,与赵氏为和。以大王之明,秦兵之强,伯王之业,地尊不可得,乃取欺于亡国,是谋臣之拙也。且夫赵当亡不亡,秦当伯不伯,天下固量秦之谋臣一也。

赵国是现代河北、山西一带靠北面的地方,在当时是中央之国,杂民之所居的问题很大,讲历史要特别提出来研究的。

杂民所居的地方,政治上很成问题,如历史上自汉朝以后,有一个魏晋南北朝,这时都是外来民族,因为汉朝自高祖以来,三四百年间,对西北外来民族始终没有办法,因此形成了以后魏晋南北朝二三百年间汉族与外来民族的纷争。到了唐代,唐太宗那样了不起的人,对于边疆问题也没有办法解决。汉唐两代对外来民族主要的办法,就是靠通婚来羁縻,都是靠"和番"政策。所以唐末直到后来五代的时候,就是杂民之所居,发生了变乱。

那么是不是杂民所居不可以?不是不可以,血统的交流不是不可以。问题在于有很重要的一点,古人始终不知道的,在孔子的思想里有这一点,不过表达得不是很具体,就是"文化的同化"这点古人不知道。假使唐代就知道了文化是政治战最大的力量，那中华民族今天的国势，就不只是这样而已。

其次要注意的，近代东西方文化思想沟通以后，大家都知道了这一点，所以各国之间，在侵略别国以前，先进行文化的侵略，最后消灭一个国家，也是靠文化。像第二次世界大战时，日本人知道了这一点，所以他每占领一个地方，一定要当地人说日本话。他不像元朝的蒙古人，也不像汉代、唐代的外来民族，进了中国跟着说中国话，乃至把历史文化都改变。文化虽是看不见的东西，但是力量很大，尤其现在我们提倡文化复兴，我个人的观点，像我们现在研究的这些东西，就是中国真正的文化，而且非常有用，但却只有少数人看它。

这是由"杂民之所居"一句所引出来的感想，提出来值得大家研究和注意。

张仪讲赵国的杂民"轻而难用"，就是豪迈，容易冲动，一言不合就打起来。在这种地方，就要了解民风习性，这并不是他们的缺点，如果摸清了这种个性，政治上就好办了。像杂民所居的这种地方，有时专谈法治很难，他们往往讲义气，话说对路了，人做对了，他就听你的，如果全跟他谈法，不一定好办。接下来又说，赵国的地形并不便利，是亡国之地形，可是赵国在这么不利的情形之下，仍旧出兵打仗。这一段都是讲当时秦国的政策，批评秦国"与赵氏为和"，是谋臣没有尽心负责任。

乃复悉卒，以攻邯郸，不能拔也，弃甲兵怒，战栗而却，天下固量秦力二矣。军乃引退，并于李下，大王又并军而致与战，非能厚胜之也。又交罢却，天下固量秦力三矣。内者量吾谋臣，外者极吾兵力，由是观之，臣以天下之从，岂其难矣！内者吾甲兵顿，士民病，蓄积索，田畴荒，囷仓虚；外者天下比志甚固。愿大王有以虑之也。

张仪一口气批评下来，结论说道：外面各国的人，把你秦国内在的谋臣、外在的兵力、到底有多大力量，看得清清楚楚，现在他们又联合起来，你秦王真应该多多考虑了。

且臣闻之："战战栗栗，日慎一日，苟慎其道，天下可有也。"何以知其然也？昔者纣为天子，帅天下将甲百万，左饮于淇谷，右饮于洹水，淇水竭而洹水不流，以与周武为难。武王将素甲三千，领战一日，破纣之国，禽其身，据其地而有其民，天下莫不伤。智伯帅三国之众，以攻赵襄主于晋阳，决水灌之，三年城且拔矣。襄主错龟数策占兆，以视利害，何国可降？而使张孟谈。于是潜行而出，反智伯之约，得两

第四章　人生哲学：书生与豪杰　151

国之众，以攻智伯之国，禽其身，以成襄子之功。今秦地断长续短，方数千里，名师数百万，秦国号令赏罚，地形利害，天下莫如也。以此与天下，天下可兼而有也。臣昧死，望见大王，言所以举破天下之从，举赵、亡韩，臣荆、魏，亲齐、燕，以成伯王之名，朝四邻诸侯之道。大王试听其说，一举而天下之从不破，赵不举，韩不亡，荆、魏不臣，齐、燕不亲，伯王之名不成，四邻诸侯不朝，大王斩臣以徇于国，以主为谋不忠者。

讲到这里，张仪先以武王代纣的历史经验来打比方，说动秦惠王，最后的结论，竟以自己的头颅来坚定秦惠王的信心，可见他的会说话，也可见他用心之深和求信之急了。

（选自《历史的经验》《孟子旁通》）

如何学以致用？

现在，我们来把苏秦、张仪的故事做一个总结。

第一个问题，个人要怎样读书才有用？

我们看了以上资料，知道苏秦从秦国失败回家用功读书，据说读的是姜太公所传的《阴符经》。因此，自秦汉以后，很多人都在找这本出过历史性的大风头、有旋乾转坤之能的神秘奇书。学政治的，学军事的，甚至学神仙道术的，通通都在找它。另外有个类似传说，圯上老人黄石公给了张良一本书，张良读了以后才能再度出山，成为帝王师。有人说，圯上老人给张良的便是《素书》，因此许多人也拼命去读《素书》，想在其中找出求得功名富贵的捷径。

事实上，我们都知道，从古代流传下来的《阴符经》和《素书》，据学者们的考证，都是伪书，是后人假造的。那两本真书早已收归天上，不落人间了。而且我们现有的《阴符经》有两种：一种是所谓黄帝时代所著的《阴符经》，是道书，当然也可以在其中牵强附会，套上政治学、军事学、谋略学等许多原理原则。还有另一种《阴符经》便是所谓《太公兵法》，实际上都是伪书。书本虽然出于后世才人的伪造，但它的内容、价值却不可一笔抹杀。这等于国际市场上某些精良的赝品，不但可以乱真，甚而有时简直可以同真了。

苏秦在家里下了一年功夫，便很自信能说动当时的人君，难道《阴符经》真有这样神妙？你若把流传下来的《阴符经》或《太公兵法》《鬼谷子》等书都拿来研究一下，自己却没有高度的智慧，足资自我启发，那很可能要被这些书本困扰，变成一个食古不化，迂腐而迷好神奇，越来越不切实际的"老冬烘"了。

但是，根据史料的记载，苏秦再度出来的成功，的确是由研读《阴符经》所致。这又是什么原因呢？在我们的古书里，所谓阴符也好，六韬三略也好，这些书本通通属于谋略学的范围。大体上，所有论说的内容，都是用古代简练的文字，根据天道、物理等奇正反复、阴阳互变、动静互用的原则，来说明应用在人事上的原理。这所谓人事，包括政治、军事、经济、外交、社会等人际关系的事务。苏秦再读《阴符经》以后，启发了他的思想，重新仔细研究天下大势，有了新的启示，形成一套适合于国际形势的新谋略构想，因此便建立信心，自认为再度出山，必然可以切合当时人主们现实的需要，人主必定会采纳他的意见而使自己达成愿望。

由这里，我们可以了解，世界上不管哪一门学问，必须从读书求知识，受教育而建立基础。但是书本上的知识，都是由于前人的经验累积所集成的产品。当你吸收了这些知识经验以后，还要能够消化，能够加以发挥，产生自己新的见解，才是构成学问的最重要因素。如果呆呆板板地被它所捆绑，那就变成了"书呆子"。其实，书呆子的确也是人类文化的艺术产品，有他非常可爱的一面。但是，往往运用到现实事务上，便又很可能流露出非常可厌的一面，成为"百无一用是书生"古人名言的反映了。苏秦他再度出山，便是由书呆子的蜕化而成功的。

第二个问题，学问如何切合时代的需要？

前面讲过，周朝的礼乐政治是王道政治，到了春秋，变成霸道政治。当时的霸道仍旧非常讲理，仍然有道德标准，只不过列国之间的领导权，以武力或财力而称尊，不走礼乐道德路线，而走利害关系路线了。到了战国，也称霸道，但已是霸道的末流，到达了并吞和侵略的阶段，一个国家所需要的是强，天下所需要的不再是分封诸侯，而是统一天下，过去宗法社会的封建制度是要改变了。当时各国之间，统一天下最有优势的是秦国，另外还有南方的楚国，但楚国始终无法与秦国抗衡。至于太行山以东、黄河南北的这些国家，则始终处于任人宰割的状态。

苏秦起初所讲的那套比较正规的学术思想，不能为当时的老板们所接受，固然可以用文化衰落、政治道德败坏等老套观念解释，实际却并不透彻。显而易见，苏秦初期那种正反互相参合的学说，已经无法扣动当时人主之心弦，何况我们的孟夫子，动辄搬出王道的大道理呢！那当然是牛头不对马嘴，到处吃不开了。

后来张仪之所以在秦国一说就通，正因为切合了时代的需求。秦国在当时所需要的，并不是什么文化思想，谁有办法使秦国强大，永远强大，就请谁，并不是说秦始皇的祖先们毫无道德礼乐的思想，而是时代的必然趋势如此。

讲到这里就联系到我们自身。我们现在有两副重担挑在身上：一方面要维持自己传统文化的德业，政治的道德，人伦的道德，承先启后，这是一副担子；另一方面又要配合这个时代的迫切需要，这个需要首先是讲利害的，同时还要在利害之中再灌输进去固有的道德文化思想——仁义的思想和精神没有错，只是在方法上，因时间和空间的不同而有所变通——这就是我们今日的处境，是非常困难的。也许在一二百年以后的历史上，会写我们非常了不起的好处，因为我们今日所挑的担子，比古人挑的还要重，还要困难。

我们读了苏秦、张仪两人的传记，了解了他们当时的历史，拿来比较今天，就知道今天如何地困难。大家倘若有时间，不妨多读《史记》《战国策》这一类书，不要以为这是古书，已经过时了。如果不变成书呆子，在碰到事情的时候，非常有用处，透过古书，更有助于了解现代的情况和进展。

第三个问题，王道与霸道的历史文化价值。

我们要特别清楚地认识到，中国几千年历史，每到王朝末期，像战国、南北朝、五代，仁义道德总没有办法发挥作用，没人接受。可实际上，因为我们这个民族先天地爱好人道和平，重视接近天则的王道教化，薄视巧取豪夺的权谋，所以我们历史文化的根本基础，几千年来一成不变的重心所在，仍然是王道精神，也便是孔孟一系儒家学术思想的道统。

因此，在我们的文化史上，尽管有非常可爱、非常重要的诸子学说思想，但也只能把它们用来作为旁通陪衬，而不能认为是正规的文化中心思想。更何况如苏秦、张仪之流（纵横谋略之学），只是从个人追求权力的思想出发，图得个人平生的快意，因此虽然在当时的现实政治上煊赫一时，风光了二三十年，但毕竟要被历史的天平称量下去，并不予以重视。

苏秦、张仪深受时代环境、社会风气和家庭背景影响，并不能像孔子、孟子那样具有"确然而不可拔"的特立独行的精神修养，所以始终只能成为大谋略家，一个聪慧的凡夫绝对无法成为超凡的圣人。

那么，凡夫与圣人的分野又如何来下一个定义呢？

很简单，在现实的人生中，只为自己一身的动机而图取功名富贵的谋身者，便是凡夫；在现实的人生中，不为自己一身而谋，舍生取义，只为忧世忧人而谋国谋天下者，便是圣人。

所以，我们只要看苏秦学成再出门时的豪语"安有说人主，不能出其金玉锦绣，取卿相之尊者乎"，就可以看出他的器识志量只在财势而已。相比之下，也就得以看到孔子、孟子的伟大。他们对于苏秦、张仪这一套，不是不懂，他们全懂，可是始终不愿意引导人家走上这条路，始终要求人家讲基本的德行，并不在乎个人的荣耀，这是孔、孟个人的了不起之处。

（选自《历史的经验》《孟子旁通》）

第五章

权力本质：皇位的血酬

刘邦吕雉：权势利害的人性考验

自秦始皇以后，我们的历史，从来以汉、唐开国为盛世，宋、明其次，元、清则另当别论。除了历代开国之君，其余的都算是职业皇帝，能够守成已经不错。不过话也不能以偏概全，在职业皇帝当中也还有几个可算是出类拔萃的人物，"虽不中，亦足观也矣"！

汉高祖刘邦，除了历史上赞许他是"隆准龙颜""豁达大度"八个字以外，应该说还有四个字的长处，便是"知人善任"。"隆准"是说鼻子长得挺拔，鼻头特别大，犹如相书所说"一鼻通天，伏犀贯顶"。这样的人多的是，我一生也见过几个乞丐跟和尚，都是"隆准"，并不能认为鼻子大就可当皇帝。"龙颜"嘛，谁见过？就算古画上的"龙"吧，那副尊容，除了很威武以外，也并不特别，平常人也有的是那样的容貌。用这"隆准龙颜"来称赞刘邦，完全是古人写历史的妙文，因为没什么特别好说的，又总要说他有特别过人之处才对，等于后世的什么"龙凤之姿，天日之表"，极其谄媚。

至于说"豁达大度",这一点可以承认,拿他前比齐桓公,后比唐太宗,都有相似之处。但也必须看看反面的文章,例如范增对项羽说:刘邦居山东时贪财好色,现在到了咸阳,居然不贪取财货,又不掳掠美女,看来其志不小。你不对付他,将来你必败在这个人手里。后来,果不出其所料。

刘邦原本出生在一个殷实务农的人家。在这个家庭中,只有刘邦素来不甘淡泊,游手好闲,好说大话,不管生产,使父亲兄弟们不大喜欢。不过,这样的人在每个地方、每个乡村中都随时会出现。刘邦算是有"智、力、勇、辩"的那一类型,环境往往不能限制他的。偏偏他运气好,吹牛说大话,吹到了一个外地来的大财主的女儿吕雉做妻子(这个大财主,历史上只称他吕公,但传说在《相经》上记载他名吕文,字叔平)。

无论东方西方,过去同样是重男轻女,所以记载吕雉的资料重点放在她当皇后以后的事。其实,你仔细研究,从刘邦做亭长,送囚犯,放囚犯,躲在芒砀山沟里,直到与沛县"秘书"萧何、曹参联络,取得县城,称"沛公"起兵,吕雉都是知情参与其事的,所以后来做了皇后,设计杀韩信,是两夫妻的同谋。

秦始皇以"严刑峻法"治国,役使民工,不给酬劳,建

第五章 权力本质:皇位的血酬

造皇宫等工程，弄得民不聊生，到处逃亡避祸。在刘邦的家乡沛县，忽然从外地迁来一家财主吕公，等于是沛县一桩新鲜的大事。刘邦不过是一个区区亭长，并非声名显赫的人。他在吕公过生日做寿的时候，自己一个人空手走来祝贺，在给吕家的宾客名帖上大书送礼金万钱，然后大模大样地坐在首席吃喝起来。因此有人报知主人。吕公会看相，见刘邦相貌不凡，而且还敢大胆冒充阔佬，就和他结交，想把女儿嫁给他。当然，吕老太婆是反对的，认为这种吹牛说大话的人靠不住，但因吕公的坚持，也无可奈何。当时的婚姻都是由父母做主，儿女本身没有自由发表意见的机会。

在这个历史故事中可以看出，吕后是出身财主家庭的大小姐，不免有"骄纵"的习性，配了刘邦这样的丈夫，"豁达"对"骄纵"，倒也情投意合。因为她的身世，刘邦总不免会礼让她一点，不一定是怕老婆，只能说总有一点自卑感，这也是人之常情。况且吕后是个聪明人，结婚以后便一直参与外事。史书上说，当刘邦放了囚犯，逃亡在芒砀山泽之间，只有吕后知道他在哪里，常常送饭给他吃。暗地也有人问她，你怎么会知道他躲在哪里？她就说：刘邦人在的地方，就有云气罩着，只有我看得出来，所以知道他在哪里。这是"欺人"还是"自欺"姑且不论，但可知她是参与同谋的。

平常读历史或看小说，最奇怪的事，在历史和小说的关节眼上，几乎很少提到金钱和经济的事。例如，《三国演义》中，刘、关、张三人结拜，要起义，经费哪里来？其实，《三国志》已有说明，是中山大商张世平、苏双等"赀累千金，贩马周旋于涿郡，见而异之，乃多与之金财"，刘备才有资本招兵买马。曹操起兵的经费来源，据《三国志》所载，是"散家财、合义兵，将以诛卓"。但另如《世语》所载，"陈留孝廉卫兹，以家财资太祖（曹操），使起兵，众有五千人"。

因为讲到刘邦和吕后的家世，可以大胆地假定，当刘邦在草泽中收聚流亡起兵的初步资财，是靠吕后娘家的资助。所以打下天下，当了皇帝以后，不但在感情上是习惯性地敬畏老婆三分，在利害关系上，吕后始终是可以"颐指气使"，俨然是站在"老板娘当家"的惯例上做事。因此形成汉朝三四百年的天下，始终受"女主"和"外戚"所左右的家族政风。从形而上哲学的观点讲，大至天下国家的政治，小至家庭个人的处事，真正的善恶是非，是因时因地为准，很难下定论。因为时间和空间的转变，是非善恶也有所颠倒。但只有因果的定律是绝对肯定的，乃至唯物世界的科学法则，也不能违背因果律的原则。

尤其刘邦和吕后，在家庭夫妇关系上非常玄妙，历史上的记载也并没有为他隐饰。刘邦与项羽的战争，所谓大小几十战，刘邦都是打败仗；最后一战，项羽乌江自刎，都归功于韩信的战略成功。当刘邦在彭城打了败仗逃走,项羽就俘虏了刘邦的父亲太公和吕后作为人质。后来便是历史上顶有名的故事,项羽与刘邦面对面在战线上谈判,项羽绑着刘太公说,再不投降,我就烹宰了你的父亲。刘邦装作很轻松的样子说:"吾翁即若翁,必欲烹而翁,则幸分我一杯羹。"我和你本来是好朋友,我的父亲就是你的父亲,你如果烹了他,请分一碗肉汤给我喝!这种无赖的作风,项羽是很看不起的,结果还是放了太公和吕后。

有一个人,名叫审食其,从沛县开始就为刘邦、吕后做管家的总务,过去官称的职务叫"舍人"。当太公和吕后被项羽掳去做人质时,审食其也一直跟随吕后做人质的副件。历史上只用一个字,"幸"于吕后。事实上,他可能就是吕后的情夫。后来刘邦当了皇帝,还封审食其做"辟阳侯"。侯爵不是小官,张良有大功,也不过是"留侯"。所以后人有诗说:"果然公大度,容得辟阳侯。"

一直到刘邦死后,吕后专政,审食其与陈平同做丞相。吕后想把刘家天下变成吕家天下,审食其可以说是参与其事的。最后,吕氏夺权的力量垮了,由刘邦另外一个儿子刘恒即位,就是汉文帝,也没有处置他,只把他罢免了相位。这个审食其也可算是历史上的奇人,岂不是俗话说的"有福之人不用忙"吗?

世界上最使人乐意拼命追求的东西，便是钱财和权位，但使人最容易堕落到丧心病狂的，也便是钱财和权位。证之历史上古往今来，上至帝王将相，下而平民老百姓，本来在贫贱的时候还是一个平凡的好人，如果运气好，忽然发达了，就完全变了一个人。就以我个人的一生，见过也经过现代史上几次大风大浪，看到的、接触到的人物，各行各业也不少，对照历史的经验，可以说，始终不因得意、失意而变更人品的，实在不多见。

如果以汉高祖刘邦来说，他本来就是一个没有文化基础的人，自起兵统将以来，直到做了皇帝，那种"漫不在乎"的"豁达"个性，变得并不太大，只是从经验中吸取失败的教训，对人对事的见识增加，心机就更深沉了。

《汉书》对他的一生，很坦然地说：

初，高祖不修文学，而性明达，好谋能听，自监门戍卒，见之如旧。初顺民心，作三章之约。天下既定，命萧何次律令（顺势大略修改秦法），韩信申军法，张苍定章程（定度量衡准则），叔孙通制礼仪，陆贾造《新语》。又与功臣剖符作誓，丹书铁契，金匮石室，藏之宗庙。虽日不暇给，规摹弘远矣。

但对于文化教化，自秦政以后，刘邦并无建树，还属于草昧初创的格局。

至于吕雉，这个刘家媳妇从小个性骄纵，到了中年，丈夫刘邦打下天下做了皇帝，自己也跟着做了皇后。正如刘邦对他父亲说的：当年你都说兄弟们成器，你看我不会生产弄钱，管家里的事，很不高兴。现在你看我比兄弟们可赚得多吧！说得他父亲太公很不好意思。这个从有钱的吕家嫁过来的大小姐，那种心情比起刘邦更是志得意满、不可一世了。但她是聪明人，担心的是自己只有一个儿子刘盈，依照传统宗法社会惯例，理当做太子，将来好继位做皇帝，管理这个刘家天下的大财富。

偏偏刘邦又特别宠爱另一个妃子戚姬，还想把她所生的儿子如意立为太子。这对她的威胁太大了，真是又气又恨。总算想尽办法，最后听从张良的建议，请来"商山四皓"保住了儿子的太子位子。但由于这个刺激，造成她的恐惧、怨恨、妒忌等错综复杂的心理变态，加上她正在女性更年期前后，由生理影响更促使心理变态。

等到她的儿子刘盈继位为惠帝，吕后就设法毒死如意，又把戚姬斩断手足，挖去眼睛，弄坏听觉，迫她吃药变成哑巴，再把她放在厕所里，叫作"人彘"，还叫刘盈来看。刘盈是个好心人，看了大惊大哭，病倒了，对吕后说：这样不是人做的事。我虽然是你的儿子，恐怕不能担任皇帝治理天下了。因此，就故意服食刺激性欲的兴奋剂，天天在宫中玩女人，不大理会国政，勉勉强强在位七年，只有二十几岁就死了。

这时的吕太后才五十几岁，当时那个朝廷局面很紧张，幸得张良有个儿子名"辟彊"的，虽然只有十五岁，但见解聪明，就为丞相陈平出主意说：太后现在最怕的是你们这班老臣，皇上没有成年的儿子，如果你们把她娘家的兄弟都封了重要职位，她心里比较踏实，就好办了。历史上就由她开始了太后"临朝称制"的创举，也可以说，由她专制独裁了八年多。其间大量起用娘家吕氏的兄弟子侄辈，掌握军政大权，预备把汉朝的天下由刘家换成吕家。吕后临死前告诫侄子吕禄、吕产说："我即崩，帝年少，大臣恐为变，必据兵卫宫，慎毋送丧，毋为人所制。"可见她也早有先见之明，只可惜她的兄弟比她差太远了。

由这个历史真实故事，你可了解到夫妇家庭在权势利害的关系上，就会变更心志，换了一个与正常人格不同的心思，从爱情变成仇雠，由仁慈变成凶残，甚至亲生父子之间、母子之间，也会变作仇人。当然不只是女性如此，男性也会有同样情况。这种情形，岂止在权势富贵中心的帝王家族，即使在有一两亩薄田的农家，也随时随地可见的。

其实，吕雉和刘邦一样，都是很有潜在机智的人，真是汉初一对半斤八两的活宝。当刘邦生病要死的时候，她找医生来，刘邦就对她大骂说："吾以布衣提三尺剑，取天下，此非天命乎？命乃在天，虽扁鹊何益？"刘邦为什么不肯接受吕后请来医生的治疗？他为什么又再三要改立太子？可以说，他深知吕后其志不小，太不简单。由此可见，他两夫妻在权势上的利害冲突早就存在，你看是多么复杂。

所以他的后代子孙汉武帝刘彻，想立他所爱钩弋夫人的儿子弗陵做太子，就很狠心地赐钩弋夫人自杀。然后他问左右，外面的人们怎么评论这件事。左右对他说："人言且立其子，何去其母乎？"刘彻听了说："然！是非儿曹愚人之所知也。往古国家所以乱，由主少母壮也。女主独居骄蹇，淫乱自恣，莫能禁也。汝不闻吕后邪？故不得不先去之也。"这就是刘邦、吕后两夫妻钩心斗角的反弹，留给他的子孙汉武帝忍心杀爱人的历史经验谈。

刘邦、吕雉两夫妻的故事，在西汉、东汉两朝的末代，变更剧本，始终反反复复重演，非常可悲可叹。由此看来历史与人生，再三反思，便知"诚意、正心、修身、齐家、治国、平天下"的教育学养的原则，是有多么重要啊！

（选自《原本大学微言》）

汉文帝以道德文治守天下，奠定汉朝立国基础

汉高祖刘邦死后，吕后临朝称制，这中间前前后后近二十年，除了宫廷内斗，政治、社会、文化教育等方面，都没有什么特别的建树，总算天下不打仗了，全国人民可以喘一口气而已。汉朝真正奠定立国基础的，应该是从汉高祖的小儿子刘恒开始，照旧历史的称呼，他叫作汉文帝。这个阶段，正是公元前180年到公元前157年。

刘家汉朝的天下，经过吕后夺权一幕，当年追随刘邦打天下的老臣们大多已经亡故。只有丞相陈平、太尉周勃等少数几位恪守宗法社会传统的旧规，商议在刘邦亲生的儿子中，另选一个来继位。研究的结果，认为刘邦的中子代王刘恒最为合适，他就是后来历史上认为宽厚、仁慈、节俭的好皇帝。在汉朝政治上，刘恒和他的儿子汉景帝刘启的"文景之治"，被公认推崇为仁政的榜样。其实，刘恒与刘邦在一起过宫廷生活的时间不长，而且也没有得到刘邦的好好教育，何以后来能成为一个开创守成的好皇帝呢？他除了命运以外，还得

力于母教的影响，才有后来的成就。

汉文帝刘恒的母亲姓薄，原是南方吴地人。秦末天下大乱，魏豹自立为王，他听一位看相的名女人许负说，薄姬有贵相，将来贵不可言。因为许负善相，名气很大，所以魏豹就迫使薄姬的母亲把她送进内宫。后来魏豹战败被俘，薄姬作为战利品归到汉王刘邦所属的纺织厂里做织布等工作。一个偶然的机会，刘邦看见了她，把她提升到内宫，封为薄姬，后来生了个儿子，就是刘恒。可以想象，她很有自处之道，没有像戚妃一样被吕后忌妒痛恨。刘邦当了皇帝，刘恒八岁那年，被封为代王，代地即现在河北省西北部和山西省北部一带，算是北方苦寒地带，而且是边防匈奴的前线要塞。

薄姬母以子贵，抓住机会，认为儿子太小，封王守边疆不放心，恳切请求吕后，要跟着儿子去代地。其实，她早已看透汉室宫廷矛盾太大、太复杂，又怕吕后会谋害她的儿子，所以想远远避开。边防要塞虽然苦寒危险，但比起在宫廷中的危机，就平安得多了。她的聪明，正合于孔子所说"贤者辟世，其次辟地"的道理。事实上，她是有文化程度、有教养的贤母，喜欢读《老子》，对老子道家哲学有认识，懂得谦退为上策。因此，她达到了愿望，跟着儿子刘恒到北方，成为代王太后，但没想到儿子后来居然做了皇帝，她也正式被尊封为皇太后。

事实上，刘恒的一生，受母教影响很大。正当天下人心厌乱思治，全国上下需要休养生息的时候，他以黄（帝）老（子）之道的学术思想治天下，力守老子的"三宝"法则："一曰慈，二曰俭，三曰不敢为天下先"，赢得"文景之治"的美誉。而且也可以说，汉代天下到他手里，才真正奠定根基。刘邦提三尺剑于马上取天下，不能在马上治之，刘恒却能以道德文治守天下，所以在他死后，大家议定他的谥号，够得上称一个"文"字。

当汉朝大臣们决定迎接代王刘恒来京时，他还只有二十三四岁，不免心里有所顾虑。他与部下开会议讨论，郎中令（秘书长）张武意存顾忌，认为汉大臣习兵多诈，愿称疾毋往。但中尉（主管军事）宋昌提出四点理由，认为应该去。因此，他就带了宋昌、张武等六个高级部下直达长安。

到了长安城外渭桥边，大臣们出来接驾，跪拜称臣。刘恒不但不以准皇帝自居，而且不以王子身份自重，亲自下车向大臣们答拜。这时，重臣周勃起来，要求单独向他汇报几句话。宋昌马上说："所言公，公言之。所言私，王者无私。"周勃被顶得没有办法，只好跪着把玺符（皇帝的大印信）呈上。刘恒接过印信，还说：我们大家到了城里官邸再商量吧！

当然，最后还是他继位做了皇帝。他登位时的第一道命令，就是"大赦天下"。第二道命令，"振穷，养老""令四方毋来献"（通知各地不要向皇帝奉献任何宝物）。但在那个时候，长江以南还有一个在广东的南越王赵佗，他是河北真定（正定）人，汉高祖起兵讨伐项羽那年，他自立为王，汉文帝时因为不满汉朝内政，自己要独立称帝。情况相当严峻，你看汉文帝怎么办？他一不动兵，二不震怒，只是以后辈身份写了一封信，就使赵佗乖乖地收兵称臣了。后来对于长期侵略入寇北方的匈奴，他也是写了一封信，得以暂时和平相处。至于"减轻刑法"而除"肉刑"等等，都是被后来历代所歌颂，引为政治的榜样。

所以历史上对他的定评，大致都说"慈惠爱人曰文"。又说："汉兴，扫除烦苛，与民休息。至于孝文，加之以恭俭"；"专务以德化民，是以海内富庶，兴于礼义。""断狱数百，几至刑措"；"至于制度礼乐，则谦逊而未遑也。"他的时代，司法公正清明，几乎很少人犯重大刑事案件。

至于重兴文化的工作，他自己认为还没有做到，因为他只有四十六岁就死了（他的母亲皇太后还健在）。他死了以后，人们更钦佩敬重他俭朴的道德，说他在帝位二十三年间，"车骑服御，无所增益。有不便，辄弛以利民"。他"尝欲作露台，召匠计之，直百金"，他说："百金，中人十家之产也。吾奉先帝宫室，常恐羞之，何以台为！"史书又记载他："身衣弋（黑色）绨（厚茧丝袍）。所幸慎夫人，衣不曳地，帷帐无文绣，以示敦朴，为天下先。……张武等受赂金钱，觉，更加赏赐，以愧其心。专务以德化民，是以海内安宁，家给人足，后世鲜能及之。"

讲到这里，使我联想到小时候读书，先生们教读贾谊的《过秦论》《治安策》，又读李商隐吊贾谊的名诗："宣室求贤访逐臣，贾生才调更无论。可怜夜半虚前席，不问苍生问鬼神。"对贾谊寄予无限的同情和惋惜，也认为汉文帝不用这个人才，真是失策。后来自读历史，加上人生各种经历，才发现并不如此。

贾谊青年有才，也有远见，但他所提的意见，汉文帝实在不能接受，也无法采用。譬如一个平民，在万分艰难中发了大财，变成一个大富翁、大企业家。但他刚死，家庭有大变故，家族事业也岌岌可危。他的儿子在危急中接手当家，要在艰难紊乱中安定整理家族事业，只能求于安稳，振兴旧业，明知还有许多很严重的隐忧，但在这个阶段是不能大刀阔斧来变更它的，否则牵一发而动全身，整个事业前途会受影响，甚至前功尽弃。

这种情形，只有身在其位，担当重任的人自己心里有数，不是像贾谊这般少年书生，充其量只在这个大家庭做小职员，冷眼旁观，看出毛病，就希望少老板要照他意思办就行了。古往今来，一般有才有学的青年知识分子，像贾谊一样的多的是。唐代李商隐的处境，更不如贾谊，但自命不凡，所以写了这首名诗，他不是吊贾谊，而是自怨自艾。

　　汉文帝呢，他看过贾谊的文章，也很欣赏他的才华，但也知道空谈理想行不通。因此，找他来谈谈哲学的形而上问题，问问他对于鬼神问题的看法，或许谈得起劲，直到半夜。但有关苍生社稷的事，汉文帝心头明亮，自认为比他清楚得多了，没有什么好说的。千古文人，大都如此。好在大家都不是文人，像我一样，更是一文不名的不文之人，就无所谓了。

　　当汉文帝执政的阶段，还没有刻意来做复兴文化的事业。直到他的孙子汉武帝，才开始复兴文化。但汉武帝却受公孙弘、董仲舒的影响，罢黜百家，一尊于儒，开始扼杀诸子百家开放思想的发展。

（选自《原本大学微言》）

聪明如汉武帝，为何也容易被奸臣挑拨？

汉武帝这个人，当然有很多有趣的事情，好坏暂时不评论。他很聪明，但是有一个毛病。大凡历史上当帝王的，依我个人的研究，除了三代圣王以外，那个位子大概有神经病的"传染因素"，如果没有老庄孔孟之道的内养道德，在那个位子上坐久了会昏头的，会发生许多问题，那个位子很不好坐啊！

我小时候听到一个老辈人说，民国以来，推翻了清朝，他这个前清举人到了北京，皇宫正好开放可以进去游览。看到那个皇帝的位子，他便跑上去坐一下过过瘾！结果在那里一坐啊，很怪，头会发昏的。我现在想，皇帝的位子不会使人头昏的，头昏是自己的问题。我们看历史上的帝王，凡是政治清明的时代，领导人大多来自民间，都是从社会底层过来的，所以他当了帝王以后，非常懂事。太平久了，皇帝的儿子、孙子继位，这种职业皇帝，都是生于深宫之中，长于妇人之手，生下来就在宫廷里头生活，外面草地是什么样子都搞不清楚！什么是窝窝头、小米稀饭，大概是没看过啦。他们除了宫女照应以外，就是在那些不男不女的太监里头长大的。所以，在三千年的历史中，这些职业皇帝，选不出三个了不起的，都是昏头的。好在他们都活不长，职业皇帝大多三十几岁，搞个几年就下去了。所以啊，上天有好生之德，叫他们早一点"睡觉"。

至于汉武帝这个人，他一半一半，一半是职业皇帝，一半是来自民间。汉武帝本身也曾经在民间吃过苦头，可是他当了皇帝以后，仍会受奸人的挑拨。像他这样精明的人，为什么会受奸人的挑拨呢？

我常常讲笑话，历史上的奸臣都是非常可爱的，假使我当了皇帝，说不定也会吃这一包药。我们看京戏中的奸臣，像曹操、秦桧，摆一个方的脸孔，肩膀那么端起来。中国的京戏，别有一套学问，它是象征的，曹操脸上是白的，表示白面书生，非常清秀漂亮。京戏里头有两个是白脸的，一个是天上的神仙，面如白玉，一个就是奸臣的脸，表示是绝顶聪明的读书人。为什么曹操、秦桧这些奸臣一出来，肩膀都是那么端起来呢？表示这个人用脑筋，就是光在办公桌上想，想得头都缩进去了，肩膀自然端了起来。

奸臣是很可爱的，奸臣不会讲话那么差劲，他要想害一个人时，一定先捧这个人，捧得非常好。他会先在皇帝面前说，某人真好，好得不得了，偶尔一点小毛病没有关系。慢慢东一下，西一下，就会把人给害掉。汉武帝就中了这种箭，逼得太子好像造反，其实是自卫，结果这些太监奸臣讲，太子果然造反。这时汉武帝正在生病，气得要抓人来杀，太子只好带着妃子逃出去，后来被逼得自杀，几个妃子也都自杀了。这个案子平了以后，与太子有关的，乃至太子的孩子都抓进去坐牢。汉宣帝是汉武帝的曾孙，他的母亲生了他以后自杀了，他只有一岁大，就住在牢里头。

历史上的记载，当时外面有流言报告给汉武帝，说长安的监狱里有天子之气。古人这种学问叫作望气，像看风水，看人的气，就会判断。汉武帝那个时候年纪也大了，而且心里有点明白是上了当，但是发作不出来，所以脾气非常不好。他就下命令，把长安监狱这些犯人通通杀了，幸亏有个叫丙吉的人力阻，汉武帝才不杀了，而且大赦天下罪犯。既然自己的曾孙也在牢里，为什么不赶快去抱回来啊？大概皇帝儿孙多得很，这个小孙子他也不在乎，再说武帝年纪大了，所以没有再处理这件事。

（选自《庄子諵譁》）

帝王权术的不外传秘诀

丙吉这个人素来道德很高，很仁慈，他觉得汉武帝的曾孙子可怜，没有人管，一个孤零零的孤儿需要喂奶，所以自己掏腰包请奶妈喂这个小孩，总算把他慢慢带大。武帝虽然也曾下诏要他认祖归宗，后来由宫廷边舍主管（掖庭令）张贺收养，但也没有管他。还是张贺特别照应这个孩子，读书生活的钱都是张贺出的。

张贺看到这个孩子，到底是龙种，相貌不同，将来有一天说不定不当皇帝也得封王。等到哪一天，孩子的兄弟们想起来，那是自己的血统，照古代的家庭制度，就要把孩子找回去封王！封王也不得了，皇帝叫万岁，封一个王虽然没有九千岁，也有八千岁的样子，那还是不得了的。张贺就跟一个名叫许广汉的讲，我看你干脆烧冷灶，把女儿嫁给他，我愿意拿钱为他做聘金。许广汉是曾犯罪受过腐刑的人，在掖庭很规矩成绩好，后来做掖庭暴室的小主管。

许广汉回去给太太讲，太太不答应，说我们家已经够倒霉了,不管如何他总是个罪犯。许广汉说,人家罪犯同我们家不同啊,人家是龙种,皇帝的后裔,总算把太太说服了。那时汉宣帝才十几岁,两夫妻也很可怜。后来他在民间东逛西逛,所谓下流社会,动刀动枪的,他都看过也经历过。地方官的贪污,好与不好的,也看得很清楚。不过他也很自爱,没有乱来。至于自己的身世,已经搞不清楚。他跟太太两个人感情很好,太太后来是有名的许皇后。他们的儿子,就是后来的汉元帝,也是在艰难困苦中出生的。

等到后来朝廷里头出问题了,考虑在刘邦的后代中,哪个当皇帝比较好。当时整个国家权力操纵在霍光手里,丙吉向霍光提议,刘家后代只有这个汉宣帝懂事,在外面受过艰难,所以就把宣帝找来当了皇帝。他年纪轻轻当皇帝,战战兢兢,政治很清明,头脑很清楚,因为民间的疾苦,他都很了解。历史上谥号"宣"的皇帝没有几个,只有周宣王、汉宣帝、唐宣宗、明宣宗等,都是了不起的皇帝,所以看了帝王谥号,就能明白那个时代,读历史要懂这个。

霍光捧了这个皇帝出来以后,权力更大。他本身是很好,他的太太却是有名的泼妇,而霍光又最怕太太。这个太太说,皇帝是你捧出来的,把我们女儿嫁给他做皇后。霍光说不行,他年轻在外面流浪的时候已经有了皇后。文学上有一个典故"故剑难求",就是汉宣帝的故事。当时汉宣帝当了皇帝,皇后还没有接进来，一般大臣都认为，皇后还没有选，每个人家里都有女儿，都有当国丈的希望，都打起主意来了，尤其霍光家里。这时左右探听汉宣帝的意思，汉宣帝告诉旁边的人说，哪个人把我的故剑找回来，我就很感激了。汉宣帝为什么这样讲呢？他干脆讲，把我那个老婆找来当皇后就好了嘛！我们读历史要懂，刚刚接位的皇帝，旁边那些权政力量都大得很，政治环境还没有太清楚，所以不敢讲话，这就是他的高明了。霍光一听就懂了，他还是要他原来的老婆。

这些大臣赶快把他太太找来立了皇后。霍光的太太一听，这不行，当然要我们的女儿当皇后，而且许氏是牢徒的女儿，做了国家的皇后，我们还要跪下来拜她，那算什么！一定要我们女儿嫁给他。所以霍光太太想办法把许皇后毒死了，许皇后临死的时候很痛苦，皇帝也怀疑皇后是被毒死的。若干年后，汉宣帝一直怀念她，这是患难夫妻的可贵，后来发现是霍光的太太干的，当时霍光已死，宣帝气极了，把霍光的后代几乎都杀了。

汉宣帝出生在牢里，遭遇过艰难困苦。不过，他虽然生于患难，却对自己患难时所生的孩子并不满意，觉得这个儿子太老实，虽然道德不错，但是气魄不够，所以几次也想把太子废掉，只因为看到太子就想起许皇后，患难夫妻，又死得不明不白，心中难过，最后终于还是没有换，这个儿子就是后来的汉元帝。

汉元帝的个性、处事方式都是软软的，心地比较善良，即使看见杀鸡也会不忍，同时喜欢儒家孔孟之道。他看见汉宣帝所运用的政治原则着重在法治，下面一班大臣也都是以严刑峻法为政，并约束一般人的思想行为，越看越看不下去。有一次，他陪父亲吃饭。在古代宫廷，家人父子兄弟在一桌吃饭也是不容易的。当皇帝高兴的时候，才把太子或家属叫来一起吃，叫作"侍燕"。这天，元帝得到侍燕的机会，趁父亲高兴，就态度从容，语气缓慢，不敢以父子私情，只是用君臣关系对宣帝说：陛下，您现在以法治精神治理国家，我看下面执法的人最好用一些儒生。

汉宣帝本来一顿饭吃得蛮舒服，一听见这话，尤其是从准备继承政权的孩子口中说出来，一气之下，脸色都变了，饭也吃不下了。他对元帝说：我们刘家自有天下以来，自有我们刘家的体制，是王道和霸道混合应用的，不能只用王道不用霸道，也不会只用霸道不谈王道，怎么可以专用儒家孔孟之道，只讲道德教化呢？这是做不到的，不可能的！难道说要把历史倒退，实行孔孟之道，用周文王、周武王的政治制度吗？时代已经不同了，如果现代实行周朝文王、武王时代的制度，那就糟了！

汉宣帝在盛怒之下，对儿子说出了内心的真话，也可以说，这正是周朝以后，一直下来，汉、唐、宋、元迄明、清，历代帝王的真传秘诀。

汉宣帝又批评当时崇尚孔孟之道的儒家：现代这一班世俗的儒生，根本就没有头脑，都是一些不通时务的好古之徒，他们不懂人情世故，主观上有色盲，有偏见，喜欢说古代什么都好，现在什么都不对。这些读书人只是把这种听起来蛮崇高、美妙的理论吹得天花乱坠，把人吹得头脑昏昏，令人觉得愈听愈好听，而不知道把握政治上的要点，洞察时代的背景，这样的书呆子怎么可以做官？怎么可以把政治交到他们手里去搞呢？

他说完这一段历代帝王治理国家大事的秘诀之后，叹了一口气说：我们刘家的天下，大概就要败在你的手上了。从周秦以后历史的事实发展看，证实了宣帝讲的话相当真切实在，而且很不幸而言中的是，汉朝差不多就是从汉元帝开始走下坡路了。

我们看了汉朝这段历史，再看以后的历史，唐、宋、元、明、清，都是儒家、道家、法家、纵横家、谋略家杂用的拼盘。最后，做得最精彩、有声有色而远超历代的，莫过于清初康熙、雍正、乾隆三代，所以清朝前一百多年的文治武功，都大有可观之处。王霸杂用并不是绝对没有王道，那些治世帝王也照样讲究仁慈，这一点孟子在《离娄》章也说过，"徒善不足以为政,徒法不能以自行",一味仁慈,不能把国家政治做好;只讲法治,则连自己走路都走不通。换言之,偏听医师的话,饭也不敢吃;偏听律师的话,路也不敢走;偏听佛家的话,人也不敢做了。

(选自《庄子諵譁》)

第六章

王朝兴替：命运的齿轮

悖入悖出：曹魏与司马家的悲剧

从秦汉以后，把天下国家完全看作家天下的财货，所谓政权，只是为家天下财货经营管理机构而已。这种现象，到了魏晋二百年间，更为显著。

当东汉之后，曹操培养的儿子曹丕（文帝）篡汉践位以后，短短做了七年的皇帝便死了，由他的儿子曹叡（明帝）继位，做了十三年的皇帝也死了。在这二十年的曹魏政权中心，早已隐伏着另一个专以阴谋起家的家族——司马懿父子、兄弟、叔侄的集团，他们又要取曹魏的政权而代之，变成司马氏的家天下了。

当曹叡死后，养子曹芳继位，勉勉强强维持了十五年"五马同槽"的局面，弄得曹芳忍无可忍，谋划除去司马氏。因此，司马昭干脆废了他，另立曹丕之孙曹髦。曹髦也只做了七年傀儡皇帝，他说了句名言："司马昭之心，路人皆知。"不久之后策划军事行动，率领左右进攻，被司马昭手下杀死。之后另立曹操的孙子曹奂，做了六年有名无实的皇帝，就被司马炎彻底废黜，封为陈留王了事。

算来曹氏祖孙三代，先后只占有权位四十六年，所谓"货悖而入者，亦悖而出"是丝毫不差的。

司马炎篡践曹魏政权，创立西晋，这也便是历史上另一场滑稽悲剧的开锣。司马炎本来便是世家子弟，深受家族阴谋教养，所以他由父亲余荫，顺手牵羊做了晋世祖（武帝），便志得意满，亲祀南郊。在拜天礼毕后，问身边的司隶校尉刘毅："朕可方（比）汉之何帝？"刘毅干脆地说："桓、灵（东汉末期两个败家昏君）。"司马炎听了说："何至于此？"刘毅说："桓、灵卖官钱入官库（归入政府），陛下卖官钱入私门（收进自己家里）。以此言之，殆不如也。"这是说，你还比不上汉桓帝和汉灵帝呢！司马炎听了大笑说："桓、灵之世，不闻此言，今朕有直臣，固为胜之。"

不过，司马炎的好色，比起秦始皇、隋炀帝差不了多少。他选了东吴伎妾五千人入宫，服侍他个人的宫女、太监差不多也有一万人。因为女色太多，难分专宠，便"常乘羊车，恣其所之（放任它它走到哪里），至便宴寝（就留宿在那个宫女的宫中）"。因此，"宫人竞以竹叶插户，盐汁洒地，以引帝车（引来司马炎所乘羊车）"。他这样经常"日事游宴"，当然就怠于政事了！所以西晋初期的政治权力中心，实际又操在权臣贾充等一般佞人手里。

第六章 王朝兴替：命运的齿轮

司马炎享受了二十五年的皇帝之福，便由痴呆儿子司马衷继位。后世嘲笑为"蛤蟆皇帝"的晋惠帝，就是这位活宝。他的皇后是贾充的女儿，也是晋史上最富丑闻的贾皇后。她生得"丑而短黑""妒忌多权诈"，但又极其浪漫淫荡。可是这个痴呆皇帝司马衷，反是"嬖而畏之"。因此，晋室王朝早已乱七八糟，不足以领导天下。但在这样家天下的皇室情况之下，痴呆皇帝也享受了糊里糊涂的帝王生活十八年之久，真是奇福奇事。可是历史与政治冥冥中始终有一个无形的规律在仲裁着它的善恶是非，不管你有怎样的权谋智巧，毕竟是逃不出这个因果定律。这同样也符合曾子所说"货悖而入者，亦悖而出"的报应原则。

当司马炎父子皇帝在位四十多年之后，司马氏的家天下，内有"八王之乱"，外有"五胡乱华"。晋惠帝之后，司马炎的儿子晋怀帝司马炽继位，只做了五年倒霉皇帝，便被"五胡乱华"之首的北汉王刘渊之子刘聪俘虏。当刘聪宴会群臣，便使这个晋朝皇帝司马炽"青衣行酒"（穿着青色侍从衣服，出来为大家倒酒）。这样加以侮辱，他还算是留着故人的情面呢！但司马炽最后还是被刘聪所杀。

接着便是司马炎的孙子司马邺继位（晋愍帝），他也只做了四年傀儡皇帝，又被刘聪俘虏，而且也照晋怀帝待遇，甚至更降一等。当刘聪出巡时，便要这个晋朝投降来的皇帝充当车骑将军,"执戟前导"。"见者指之曰:'此故长安天子也。'故老有泣下者。"但这样还不算了事,刘聪又当宴会群臣时,再命令他行酒洗爵,更衣时,又使帝执盖。晋臣大多涕泣失声。尚书郎辛宾抱帝(司马邺)大哭。刘聪就干脆杀了这对君臣了事。

这便是五十余年的西晋天下,比起曹魏的结局,不但萧条,甚至更为凄惨。司马氏的这些帝王,既不能"修身齐家",更谈不上有"治国平天下"的丝毫功德,然而综合两晋(西晋和东晋)司马氏的家天下,却也拖拖拉拉了一百五十多年之久,这个问题的关键,究竟是什么原因?实在也是一个最有意义、最有趣味的历史文化演变的大问题,不是一朝一夕就可匆匆讲得完的。

(选自《原本大学微言》)

共治天下：士族集团获得与王权抗衡的根基

所谓魏晋南北朝时代，先后总共有三百六七十年之久。每一个短短年代的家天下皇室政权，每一个匆匆上台、忙忙下台的帝王人物，实在正如《红楼梦》所唱的"乱哄哄，你方唱罢我登场，反认他乡是故乡"，看来真是可悲可叹。同时，也可以说这一段的历史，比起春秋战国五百余年间的故事，更为紊乱和黑暗。

但我们从中华民族和历史文化角度来看，那就立场不同，观点也不一样。例如照旧史文化哲学观念来讲，都说魏晋时代的历史文化是误在知识分子士大夫们手里，由于这些人太偏向于注重《易经》《老子》《庄子》的"三玄之学"，以至于"清谈误国"，招致"五胡乱华"，形成东晋南渡以后的南北朝格局。其实，这样论断也未必尽然。

魏晋时期的士大夫们，已经养成轻视家天下的皇室统治，把从汉朝开始的"选举"精神，渐渐结合儒、道、法三家的政治思想，形成了文人政府的治权，建立起一套政治管理学的人事体制，成为后世文官政治"铨叙"人事的先声。家天下的皇帝归皇帝，读书的士大夫们归士大夫。他们完全不理会皇室的权威，自然有他超然于政治权力以外的本身的地位。当时所谓"清谈""三玄之学"和研究新近由印度输入的佛学，只是文化教育上的一种潮流，一种轻视皇权的反动，反映士大夫们另一种不同意现实政治的风格而已。

这种情况，是由曹操父子开其风气之先。当曹操开始搭建曹魏政权的时候，一面注重法治，一面又特别奖赏有聪明才智和文学才华的名士，而不太要求他们的操守。所以到了魏明帝曹叡阶段，虽然有名儒陈实、陈群、王祥、贾逵等人，但是新进少年学者如何晏、王弼乃至"竹林七贤"等辈，都是一代俊秀，名重当时，但又多轻视世事，浮夸自负。因此，曹叡要建立另一种考核人事的制度来替代"选举"用人。如史称：

> 帝（魏主叡）深疾浮华之士，诏吏部尚书卢毓曰："选举莫取有名，名如画地作饼，不可啖也。"毓对曰："名，不足以致异人，而可以得常士。常士畏教慕善，然后有名，非所以当疾也……今考绩之法废，而以毁誉相进退，故真伪浑杂，虚实相蒙。"

曹叡同意他的建议，就诏散骑常侍刘劭，作都官考课法七十二条。然而经过朝廷（政府）会议，迟迟没有通过，结果也就没有实行。可是刘劭却因此著了一部《人物志》，开启后世人事管理学的先河。

其实，在这以前，由陈群在曹魏时期所创建的"九品中正"人事制度，配合自两汉以来以"孝道治天下"的宗法社会儒术精神，不但早已实行于魏晋，也影响后世，使选举人才的制度法久弊深，完全被名门望族所垄断，形成西晋和六朝之间的门第、门阀风气。正如晋初尚书左仆射刘毅所痛恶的"上品无寒门（所谓上流社会，没有一个是贫寒出身的平民子弟），下品无势族（所谓基层干部，没有一个是权势家族出身的子弟）"。其实，刘毅这篇有关用人行政的谏疏文章，直到今天，无论是哪种政党、政见的民主时代，都应当仔细研读，作为民主选举制度精神之参考。

这种风气从魏晋开始，在南北朝的一两百年里成为社会默认的必然情形，并无一个有力者毅然出来鼎革这个弊病。也正如曹魏时代的阮籍所感叹的，"时无英雄，使竖子成名"。其原因是传布学术知识的书本，都靠手写传抄的私家藏书，并不普及。文化教育也不发达，政府与社会都没有设立学校的风气。尤其是一般社会丧失了自古以来"文武合一"的教育子弟的精神，上层社会也只把读书成名看作品行端正的标准,学术知识只能出于世家权门,因此形成由门第、宗族构成的士大夫群,这个权威集团左右、把持皇室政权,牢不可破。

当"五胡乱华"开始,西晋皇室没落,由群臣拥立司马懿的曾孙司马睿南渡称帝(晋元帝),从此定都建康(南京),为东晋的开始。但司马睿和他的儿子司马绍(晋明帝),虽然南渡称帝,事实上也等于是一个傀儡皇室,父子皇帝一共在位只有九到十年时间,都在忧患中死去。

后来东晋王朝虽然再经九个皇帝,共九十多年的时间,但政权仍然操纵在王、谢等世族手中。王、谢权门,前如王敦、王导,后如谢安、谢玄,都是"世家望族"出身的子弟。他们坐而论道,谈玄说妙,大多是文(学)哲(学)不分的高手。即使如谢安、谢玄叔侄一样,总算领导指挥了一次在历史上有名的"淝水之战",打了胜仗。但在指挥打仗的场面中,仍然还不离名士风流的风格,模仿三国时的诸葛亮,纶巾羽扇,潇洒自如,犹如西晋初期与东吴陆抗互相敌守在长江两岸的羊祜(叔子)一样,"轻裘缓带",依然不失雍容优雅的风姿。这种士大夫的作风,在政府或上层社会之间,只要读刘义庆所辑的《世说新语》一书,就可大概了解。

简单地讲,由东晋开始,士大夫们的文人学术官僚集团风气,一直沿袭到宋、齐、梁、陈、隋,俨然如牢不可破的堡垒,纵然是当时一代当国的帝王,对此也无能为力,只好向现实低头将就,这确实是值得注意的一段历史经验。

现在且让我们举一个历史故事来做说明。

在南朝萧道成篡位称齐帝的时候,他的中书舍人(等于皇室办公室主任)纪僧真,得幸于齐主(萧道成),"容表有士风"(外表很像一个有学识的读书人)。

(纪僧真)请于齐主曰:"臣出自武吏,荣阶至此(我从行伍出身,官做到这个阶层),无复所须(别的也没有什么要求了),唯就陛下乞做士大夫(希望皇上给我一个士大夫的荣誉)。"齐主曰:"此由江斅、谢瀹(这两人是当时的名士而兼名臣),可自诣之(你自己去找他们商量吧)。"僧真诣斅,登榻坐定(刚刚坐到客座椅子上)。斅顾左右曰:"移吾床远客(江斅就对旁边侍候的人说:把我的椅子移开远一点,不要靠近这个贵客)。"僧真气丧而退(弄得他很没有面子,只好回来)。告齐主曰:"士大夫故非天子所命(我现在才明白,士大夫这个头衔,就算是当今皇帝天子下命令,也是办不到的)。"

你只要读了历史上这个故事,再来对照一下我刚提过的《世说新语》,便可知道魏晋南北朝之间的读书人、知识分子的傲慢和自负的酸味,有多么地可畏和可悲啊!这种情形,

直到唐朝才开始改变。所以唐代诗人刘禹锡,对六朝首都南京,便有针对这种历史情形的怀古之作了!如:

朱雀桥边野草花,乌衣巷口夕阳斜。
旧时王谢堂前燕,飞入寻常百姓家。

——《乌衣巷》

以及:

山围故国周遭在,潮打空城寂寞回。
淮水东边旧时月,夜深还过女墙来。

——《金陵五题·石头城》

(选自《原本大学微言》)

"降王不杀"的传统，从南朝开始打破

在公元420年，东晋末代完结，南朝开始。南朝第一代的皇帝宋高祖刘裕，农民出身，幼年长养于佛寺，所以小名"寄奴"。后来时势造英雄，干脆谋杀了在位二十二年的晋安帝司马德宗，又用毒药杀了被他利用两年的晋恭帝司马德文，自己学习曹丕、司马炎的办法，照样画葫芦，篡位称帝，定国号为"宋"。

但曹丕篡位不杀汉献帝，司马炎篡位也不过废除曹奂而已，刘裕的行为就不同。南朝历次由篡位而称帝的人物，对于前朝子孙"斩草除根"的先例，是由他开始的。以后接着齐、梁、陈都是同样翻版，只是隋朝开国的隋文帝杨坚，在杀戮以外更加灭族，所以过去的历史学家们便说隋朝皇权必然不会长久。

刘裕自己做了三年皇帝便死了，经过子孙七个职业皇帝继位，一共只有大约六十年的刘宋天下，便又被权臣萧道成照样翻版篡位，改"宋"为"齐"。萧道成篡位称帝，先要

废掉刘宋只有十一岁的幼主顺帝刘準。刘準便收泪说:"欲见杀乎?"那个奉萧道成命令而来的王敬则说:"出居别宫耳!官(对皇家的代名称)先取司马家亦如此也(指刘準的祖先刘裕篡位称宋帝时,迫害晋朝司马氏的后代,也是现在这样做的)。"因此宋顺帝刘準也便知道自己的下场了,泣而弹指曰:"愿后生世世,勿复生帝王家。"最后,萧道成当然放不过刘準,不但杀了他,还灭了他的家属。

刘準所说"愿后生世世,勿复生帝王家"的话,足为千古滥用极权者的警语。而历史上有同样的痛苦,但有不同悲壮故事的,就是明末的崇祯皇帝思宗朱由检。他在国破家亡的时候,准备自杀上吊以前,召来只有十五岁的女儿,说了一句:"尔何生我家?"用左袖掩面,右手挥刀,斫杀公主,因为用力不准,只断了公主的左臂。读了历史,便可知道做帝王或权势家族的后代,实在并非真正的幸福。

可是萧道成自己在位做皇帝也只有四年,接着虽有六个糊涂的子孙皇帝,也不过二十多年,就又被同宗的萧衍所废,改国号为"梁",那便是后世较为有名的吃素学佛的梁武帝。梁武帝总算比较好心,起先没有要杀萧道成的后人,但因沈约的警告,勿慕虚名而受实祸,终于也依样画葫芦。

他本身在位四十八年,除了喜欢学做和尚,当佛学大师,亲自讲经说法以外,还不算有太多的大过,也活到了八十六岁。但很可惜的是,他把权谋当作道德,尤其是投机取巧,错用了东魏投降过来的叛臣侯景,终于被迫而饿死在台城(南京)。但他在临危时却说了"(天下)自我得之,自我失之,亦复何恨"的洒脱壮语。这种犹如赌徒的豪语,的确也非平常人所能企及。后来他的子孙还继续称帝了九年,也算共有四主五十多年的天下。

在中国历史上,梁武帝萧衍可说是一位很特别的书生皇帝,他是文学家,又是哲学家。在未登位之先,他便和一班当时的名士学者,同主张"现实唯物论"的学者范缜所著的《无神论》打笔墨官司。他极力主张有神论,认为生命是有前生后世,确实另有一个"神我"存在。他早死的大儿子萧统,就是中国文学史上著名的昭明太子,后世流传的《昭明文选》便是他编辑的大作。后来继位反抗侯景的梁元帝萧绎,是武帝的第七个儿子,同时也是历史上一个读书皇帝的活宝。

萧绎继位后,就派陈霸先讨伐侯景。三年以后,萧绎自己被西魏攻进所杀。但在敌人进城之前,他还有心情作诗。当他知道敌人进入金城(宫城),焚古今图书十四万卷。被杀以前,有人问他烧书是什么意思。他说:"读书万卷,犹有今日,故焚之。"这也是天下第一奇言,自己本身没有雄才大略,却埋怨读书无用,岂不可笑?大不如父亲梁武帝的豁达洒脱。

接着萧梁而篡位称帝的，便是陈高祖陈霸先。他从小也是一个不事家人生产，放荡不羁的性格，但却会阴阳之学，通达奇门遁甲等方术。登位以后，也照旧先杀梁主敬帝萧方智。不过他自己本身也只做了三年皇帝，五十七岁就死了。经过四个子侄辈先后继位，最后便是孙辈陈叔宝做末代皇帝，这也便是在历史上有名的风流皇帝陈后主。当隋兵打进台城，他就抱着妃子张丽华、孔贵嫔跳进枯井里逃避，最后有人放下绳子，三个人一起被拉上来。那口井变成南京名胜之一的"景阳宫井"。

当时带兵打进建康的，便是后来的隋炀帝杨广。他总算没有杀陈叔宝，只把他当战利品，作为俘虏而"献俘太庙"，把他作为自己论功行赏的活宝。所谓"南朝"之一的陈朝，一共也只有五主约三十三年天下，如此完结了事。

陈后主陈叔宝，也和比他迟生三百多年的南唐李后主差不多，除了风流自赏，还是爱好音乐的名家。他还未亡国以前，自己制作了有名的歌曲《玉树后庭花》，教导宫娥们习唱，民间也有流传。因此，唐代诗人杜牧有感于陈后主故事，便有《泊秦淮》的诗：

烟笼寒水月笼沙，夜泊秦淮近酒家。
商女不知亡国恨，隔江犹唱后庭花。

如果照中国传统文化哲学观点来说,"造化老儿"真会玩弄人类。由他所编写的中国历史剧本,总是给你画格子,画圈圈,使你在社会演变的格子里,五六年一小变,十五六年一中变,三十年左右又一大变,然后又变方格为圈圈,六十年左右一小变,一百二十年左右一中变,一百八十年左右一大变。在这些方圆的演变程式中,用加减或乘除的公式,好好坏坏,多多少少,就看操作算盘的人自己怎样打算放账和收账了。

其实,"造化老儿"也很公平,对于其他各民族的规格也差不多。只是他们过去没有像我们的祖先那样,对于历史是采用"会计"和"统计法"。我们祖先对以往的历史,账本记得比较清楚,所以看来就很明显,也很惊人。

(选自《原本大学微言》)

隋朝政权的因果：灭宇文而起，又因宇文而亡

要了解隋唐，我们首先需要了解南北朝，所谓"北朝"开创者的北魏，统一了江北各个少数民族政权以后，又分裂成东西两魏，东魏后来变为北齐，西魏又变为北周，而后杨坚崛起，篡了北周，并了北齐，灭了南朝最后一代的陈国，南北才得混一，称为隋朝。为李唐的建国首先开路的隋朝三十八年天下，就在灭掉南朝陈后主的时候开始了。

魏晋南北朝三百多年以来，江北江南的社会上下，都充满了佛学和佛教气氛。那个时候并没有把儒家的《大学》《中庸》或"四书"当作帝王政治指导原理的"帝王学"来使用。所谓《大学》《中庸》是帝王们必读之书，这是南宋以后的广告宣传，另当别论。因此，作为隋朝开国之君的隋文帝杨坚，和继承他皇位的儿子隋炀帝杨广，便是当时最时髦有趣的明星皇帝。

现在先说杨坚的出身故事。他小时候名叫"那罗延"（佛学中东方金刚力士的名称，犹如陈朝大将萧摩诃，都是佛学

名词）。他的父亲杨忠本来就在西魏及北周做官，封为"随国公"。母亲生他的时候，已有很多的神话，是真是假都不相干，姑且不论。生了他以后，从河东来了一个尼姑，对他父母说：这个孩子来历不同，不可以养在你们凡夫俗子的家中。父母便把他交给这位尼姑，由她亲自抚养在另外的别墅里。

有一天，尼姑外出，他母亲来抱他，忽然看到他头上有角，身上有鳞，一下怕了起来，松手掉在地下，刚好尼姑也心动，马上回来，看见便说：啊哟！你把我的孩子吓坏了，这一跌，就会迟一步才能得天下。不管这个故事真实与否，杨坚父子的确也是中国历史上划时代的重要人物。所以旧史学家不好意思明写，但也不排除当时坚信不疑地流传神话，就照旧老老实实地记下来了。

杨坚后来在北周篡位称帝，已势在必行，但促使他下篡位的决心，最重要的是靠他的妻子独孤伽罗的坚持。独孤氏勉励杨坚的名言，就是"骑虎之势，必不得下"。他开国称帝之初的行为，同样就埋下了《易经·坤卦文言》所谓"积善之家，必有余庆；积不善之家，必有余殃"的不可思议的自然定律。他尽灭北周国主宇文氏之族，他的儿子隋炀帝结果反被宇文化及所杀，就此隋亡。杨坚父子的隋朝天下，始终只有三十八年而已。这样循环往复的现象，好像就自有规律的轮转存在似的。

且说杨坚做了皇帝，独孤氏当然就升作皇后。史称："独孤皇后家世贵盛，而能谦恭，雅好读书，言事多与隋主意合，帝甚宠惮之，宫中称为'二圣'。"事实上，隋文帝杨坚恰是历代帝王怕老婆集团的"常务主席"，所谓"宠惮"二字，就是怕得要命的文言。最后杨坚因为听信独孤皇后和次子杨广的蛊惑，废掉大儿子杨勇，立杨广为太子。但在独孤皇后死了不到三年，杨广干脆就杀了在病中的杨坚，自己继位做皇帝。杨坚临死之前，才后悔过分听了皇后的话，受了儿子的欺骗，便捶床说："独孤误我。"但是已经太迟了。他做了二十四年的皇帝，功过善恶是非参半。不知道那个教养他的老尼，为何只能教养他做皇帝，却没有教养他做个好皇帝！岂非"为德不果"吗！

　　至于隋炀帝杨广，在他弑父杀兄，登上皇帝宝座的初期，那种踌躇满志的高兴，是何等的得意！后来天下群雄并起，他游幸到扬州，自己也知道靠不住了，常常引镜自照说："好头颈，谁当斫之？"使得在旁边的萧皇后非常惊讶，为什么讲这种不吉利的话？谁知他却笑着答复，说出了几句出类拔萃的哲学名言，比起那些"披发入山"或"剃发为僧"的高士，还要潇洒。他说："贵贱苦乐，更迭为之，亦复何伤？"这等于是说，人生贫贱和富贵，痛苦和快乐，都需要轮流变更来尝试一番，这又有什么稀奇？何必那样悲伤呢？他明知自己已快到国破家亡、身首异处的境地，仍然还如平常般名士风流，看通了"悖入悖出"的道理，甘心接受因果律的应验，好像自己有意做成"自食恶果"的佼佼者。这也真是不同凡响的挽歌。

隋朝杨坚父子混一中国以后，李世民父子真正统一了中国，建立唐代将近三百年的天下。后世学者习惯以"隋唐"并称，因为隋朝仅有短暂三十多年，随之而来的朝代，不是以阴谋篡位而得天下。李氏同汉初一样，是以武功建立唐朝的，此所谓"隋"之谓"随唐"也。

也许从这个观点引证历史，你们会说这是唯心哲学的史观，觉得可笑。其实不然。因果定律的存在，无论唯物、唯心，都是同样的事实。现在插在这里，我们先看一看清朝开国之初的情况，所谓清太祖高皇帝努尔哈赤，在他开国的第四年，亲征原属蒙古后裔的叶赫族，尽吞其国。叶赫族贝勒金台石率妻子登所居高台，宁死不降，而且发誓，只要叶赫族有一人在，即使是女子，也必报此恨。（吾子孙虽存一女子，亦必覆满洲！）

因此，清朝二百多年，遵守祖制，绝不娶叶赫族女子做后妃。但到了奕詝继位，年号咸丰的时代，叶赫族的后裔，就是清史上有名的慈禧太后叶赫那拉氏（叶赫族原为纳喇氏，音译不同），偏又入宫成了贵妃，又生了儿子，即六岁就接位的同治。他只做了十五年皇帝，二十岁便死了。以后便开始由慈禧策划名义上为两宫皇太后的懿旨，立了光绪。实际上是慈禧专政，一直到清朝彻底毁灭，就是她一手所造成的后果。这是巧合或是前因反复，就很难论断，但却是一桩真实历史故事，并非虚构。

所以《大学》一再强调"诚意、正心、修身、齐家、治国、平天下"之道的"明德"之教，是阐扬文治与武功的政治行为。虽然从表面看来，只有现实的利害关系，并无绝对的是非善恶标准，但其中始终有一个不可逃避的无形原则，那便是循环反复的因果定律，正如《易经》泰卦爻辞所说的"无平不陂，无往不复"的道理。为政果然如此，做人做事何尝不是如此？

可惜我们看到的历史事实，真正"诚意""正心"为"治国""平天下"，能够"以德服人者王"的并不易得，大多数都是"以力假仁者霸"的存心和行为。反观这个多灾多难的民族国家，为什么有如此的曲折？究竟自我要在哪一种文化、哪一种"政治哲学"的意识文明下，才能做到万古千秋、国泰民安呢？实在值得深长思量啊！难道过去我们几千年来的先人都是笨蛋，都不及二十世纪的人聪明睿智吗？那么我们的"基因"根本就有问题啰？是吗？

（选自《原本大学微言》）

李唐王朝的衰亡教训

唐代近三百年文化（618—907年），儒、佛、道、禅，文采风流，飘逸潇洒。至于李唐帝王宫廷的内幕，父子兄弟夫妇之间，以及"修身、齐家、治国"的"外王（用）"之道，可以说并不见得比秦、汉、魏、晋、南北朝以来，更有什么特别高明之处。

总之，从李世民起义之初的动心用意，已经深深埋下了不良的前因。他为说动其父李渊起兵，设计布局，用酒灌醉李渊，使其在昏昧之中奸污了隋炀帝在晋阳的两个妃子，因此不得不听儿子的主意起兵。所以由武则天夺权做皇帝开始，李唐后世的子孙帝王们，始终都受内宫"女祸"所困扰，甚至还要受那些宦官随便摆布。因此造成晚唐时期军阀专权的藩镇之乱，终至国亡家破，以了却前因后果的一笔烂账。至于李世民在登位前后弑兄杀弟、霸占兄嫂等行为，遗祸到唐肃宗李亨以后四代之间兄弟宗室的权位之争。如果不是介乎禅道之间的名臣李泌，不避嫌疑地斡旋其间，恐怕在中晚唐的阶段就已失鹿中原，移鼎他人了！

我曾说过，李世民的内在个性，具备了齐桓公所有的坏处，但他能够听信魏徵等人的意见，作风比较开明，实在大有值得后代当家治国做领导的老板们效法之处。我们民族的个性，最喜欢崇拜个人英雄，尤其是比较豪迈爽朗的英雄人物，纵使他们有很多缺失，也都能给予宽恕，只看他光明的一面，撇开他阴暗的一面不谈。中国的民情如此，中国的历史学家们也是情有独钟的多，因此在历史上李世民就成为中国帝王中的旷代一人。

至于晚唐时期，末代李家子孙们，外受藩镇（据地拥兵的军阀）的压力，内受"宦寺"（太监）的专权蒙蔽，已是由来已久的事实。这些历代在最高领导人身边的太监，头脑思维有时更加偏仄和细密。我们读历史，只要细想在唐武宗李瀍（李炎）时代一个太监头子仇士良的话，实在是古今中外，包围蒙蔽上司的薪传口诀。讲到这里，好像骨鲠在喉，不得不一吐为快。我是希望一般做老板和那些做"长""员"的人，都明白其中的道理，才能"好自为之""善自为之"。

唐武宗也算是一个少有才，而未闻君子之大道的皇帝。他继位做了皇帝以后，心里讨厌宦官们的跋扈专权，想要设法疏远处置。仇士良正是当时宦官的首领，他很聪明，已经看出了苗头不对，就赶快提出辞职，告老还乡不干了。唐武宗马上照准。因此，宫里一批大大小小的徒子徒孙太监，都来为他送行，并且请示他怎样抓权"拍马屁"的锦囊妙计。仇士良便说："天子不可令闲（你要设法，使皇帝一天到晚没有空闲的时间），常宜以奢靡娱其耳目，使日新月盛，无暇更及他事（当然包括现代人的吃喝玩乐等），然后吾辈可以得志。慎勿使之读书，亲近儒生，彼见前代兴亡，心知忧惧，则吾辈疏斥矣。"他传完秘诀，那些徒子徒孙的太监都明白了这种道理，所以历史上记载说："其党拜谢而去。"你看，这有多么深刻可怕啊！小心啊，小心！

现代和将来当然不会再有阉割了的太监，但是具有太监类型心理变态的小智小慧、小忠小勤习气的人，并非没有。除非真能读书明理，达到《大学》"明明德"的学养才行！而且时代不同，过去他们要包围生在深宫内院、长在妇人与宦寺手中的"太子"，生来就是要做职业皇帝的人，便要使他忙于玩乐，不可有太多空闲的时间，去懂得读书明理。

现在民主时代的老板们，就完全不同，所以要使他们忙于应酬会客，日理万机，再也没有精力得以静思深虑。下面的人，就可推、拖、拉、扯，欺上瞒下，阳奉阴违，搞他自己胡作非为的主意，然后多开一些以自我为中心的会议，就强加在这是民意民主的形式主义上,实在是与古人有同样可怕的歪风。

(选自《原本大学微言》)

五代乱世，儒家文化兴盛的转变

现在我们再看唐末五代六七十年间乱世文化的转变。这一阶段正当公元 10 世纪，儒家文化和"四书""五经"文化连绵续绝。然后便可再进入宋代，讨论"儒林"道学理学家们的天下。

古人有言："物必自腐而后虫生。人必自侮而后人侮之。"研究历史，大体归纳来说，每一朝每一代的末期，只需用"民不聊生"四个字，便可代表了一切衰败的祸因。其实，所谓"民不聊生"的内在因素，以及时代社会演变的外界趋势，它的前因后果太过复杂，包括政治、经济、财政，尤其是赋税和基层社会吏治（干部）的败坏等。因此而造成历史小说上的一句名言，就是"官逼民反"。

人性是"重苟安而恶动乱"，大至国家社会，小到个人家庭，人人所最宝贵的就是性命。如果可以"顺时安命"，人们是绝对不肯起而革命的。"革命"一词，来自《易经》的鼎卦象辞以及爻辞，所谓："象曰：木上有火，鼎；君子以正位凝命。""鼎耳革,失其义也。"社会人民碰到了"木上有火"、火上加油的苦难时代,就不得不起而拼命了。

李唐王朝到了唐僖宗李儇(873—888年在位),已经进入"民不聊生"的时代,因此而有王仙芝、黄巢等的起义造反。黄巢曾经攻进长安,自称"齐帝"。可是一个经历二百多年皇室集团的政权,到底还是具有"百足之虫,死而不僵"的顽固力量,在它外围"拥兵自卫"的藩镇霸权,也决不会把既得利益随便拱手让人。所以黄巢的失败,也是势所必至,理所固然。不过,使李唐王权统治结束,展开"五代"的一幕,是由黄巢的部下们所开启的。

到了公元890年,正当唐昭宗李晔的时代,此后五六十年之间,全国地方藩镇(军阀)据地称王的强霸势力,就有十几处之多。可是在历史上习惯性地称这个阶段的中国史为"五代"。事实上,这都是古代读书人自号为圣人孔夫子传人的思想,学习夫子著《春秋》尊王的精神,把"五代"五六十年间,能够在中原(以今长安、洛阳为中心的唐王朝核心区)抢得李唐覆灭之后的王位的,才认为是"继统"的王朝,因此撇开当时全国各地称王称帝的其他势力,只以在河洛称帝的为继统,所以就叫它们为"五代"。即使如欧阳修、朱熹等号称公正严明的大文豪、大史笔者,也仍然难以去掉这种盲点。欧阳修的《新五代史》和朱熹的《紫阳纲目》何尝不是如此呢！

俗话说得好，"习惯成自然"，那么，我们就照这个自然的习惯，大约介绍一下"五代"王朝那些称帝称王的乱世英雄吧！

开始第一代的是后梁太祖朱温。他的本名叫"朱三"，他是跟黄巢起兵造反的人。黄巢兵败，他就见风转舵，投降唐朝，在唐僖宗的时代，获赐名为"朱全忠"。结果谋杀唐昭宗，废了昭宣帝李柷（哀帝），自称"梁帝"。在位六年，被儿子友珪所弑。另一个儿子友瑱即位十一年，史称后梁末帝，后梁至此完结。

接着，便是后唐李存勖。他是沙陀族人，史称为胡人。实际上，他的祖先早已是归化汉族的西北边区民族。他袭其父李克用的"晋王"爵位，号召为李唐复仇，灭了朱梁而自称皇帝，叫作"后唐庄宗"。开始很英雄，做了三年多皇帝，又死在伶人（戏子）手里了事。清初名诗人严遂成，有一首咏李克用的名诗，很少有人有此手笔：

英雄立马起沙陀，奈此朱梁跋扈何。
赤手难扶唐社稷，连城犹拥晋山河。
风云帐下奇儿在，鼓角灯前老泪多。
萧瑟三垂冈下路，至今人唱《百年歌》。

诗中的"奇儿"指的便是李存勖。

继他而起的后唐明宗李嗣源（李亶），真还不错，比较老实可敬。他是李克用的养子，也是西北边区归化汉族的代北人，因后唐的变乱，被大家所推举，立为皇帝，在位八年。在他登位的时期，北方少数民族契丹也已经开始称王称帝。李嗣源做皇帝，不太作怪，突出的有三件事，值得为他褒扬。

一、当他在位的第七年，命令国子监（等于国立大学）校正"九经"（《诗》《书》《易》《礼》《论语》《孟子》以及《春秋》三传），刻版印卖，时在公元932年。这是在唐代以后提倡儒家学术的第一次盛举。

二、他的儿子秦王（从荣）喜欢作诗，"聚浮华之士高辇等于幕府，与相唱和，颇自矜伐（经常聚集一些华而不实的浮夸子弟，如高辇等人，互相吟诗唱和，而且还自认为很高明，很了不起）"。李嗣源便对他说："吾虽不知书，然喜闻儒生讲经义，开益人智思（我虽然没有读过书，但是喜欢听那些读书儒生讲五经的道理，可以开阔人的智慧和思想）。吾见庄宗（李存勖）好为诗，将家子，文非素习，徒取人窃笑，汝勿效也（以前我看庄宗喜欢作诗。其实，我们都是将门的子弟，诗文素来不是专长，会被别人背后偷偷地笑话，你切不可学样啊）！"他有此见解，的确高明。可惜有些人偏要舞文弄墨，真不及李嗣源有自知之明。宋初在赵匡胤手里灭了南唐，俘虏了李后主李煜，赵匡胤便说：如果李煜把作诗词的心思用来治国，哪里会这样轻易被我俘虏呢！

三、历史记载李嗣源在做皇帝的几年中，"每夕于宫中焚香祝天曰：某（我李嗣源）胡人，因乱为众所推（因为乱世，被大家推举，不得已做了皇帝），愿天早生圣人，为生民主"。过去历史学家相信因为他的诚心感应，所以宋太祖赵匡胤此时出生在"甲马营"中。是不是迷信，姑且不论。但是李嗣源的这种用心，就不能不说是他的"诚意、正心"之德了！不要说五代其他的英雄帝王们没有这样的真诚和谦让之情，恐怕千古以来，能够向天祝告说出此话的，还找不出第二人呢！每读历史到此，就为他真诚的为国为民之心所感动，必然低眉敬礼，这也实在是很感人的历史故事啊！有这种存心的人，还可对他有民族歧视之见吗？但从李存勖开始称帝的后唐，经李嗣源继位，先后只有十二年的时间。李嗣源死后不到三年，后唐也就亡了。

跟着称帝的，就是历史上第一个做契丹傀儡皇帝的石敬瑭，号称后晋，也就是割让燕云十六州奉献给契丹的儿皇帝。因此开创了宋朝开国以来，自黄河以北逐步成为辽、金、元三朝的根据地，形成中国历史第二次"南北朝"的三百余年局面。但石敬瑭的后晋也只有十二年的时间，大权就转入他的部将刘知远手中。刘知远称帝，改国号为汉，做了一年皇帝便死了。由他的儿子刘承祐即位称"隐帝"，也只做了三年就完了。后唐李存勖、后晋石敬瑭、后汉刘知远三代，都是沙陀人，只是氏族不同，所以在旧史上叫他们为"沙陀"三大族的"胡人"。

接着由后汉部将郭威篡位称帝，改国号为"后周"，做了四年皇帝也死了。他没有儿子，就由他的养子，也便是他妻子（皇后）的内侄柴荣接位，称为"世宗"。柴荣精明果敢，颇有英气，在位六年，在出兵伐辽的途中死亡，他七岁的小儿子柴宗训继位为"恭帝"，提升赵匡胤为殿前都点检（相当于现在陆军总司令）。柴宗训要他出兵征河东，部队刚到陈桥驿，晚上就闹兵变。据说将士们把预先做好的黄袍加在赵匡胤身上，迫他做了宋朝开国第一位皇帝宋太祖。周家柴氏的孤儿寡妇，也就只好拱手让位。所以后世有爱管闲事的诗人，便作了一首诗说：

忆昔陈桥兵变时，欺他寡妇与孤儿。
谁知三百余年后，寡妇孤儿又被欺。

最后一句是说南宋亡国之际，小皇帝恭帝赵㬎（音显）和皇太后，也被元朝的大将伯颜所俘虏，世事的轮转回旋，犹如原版重翻,非常奇妙而可叹。不过,后周的郭威和柴荣两代并非胡族,不必老是胡说,把"五代"都说是"胡人"在作乱。

历史记载,五代虽为乱世,但对宋朝开国以后重兴儒家学说极为重要。我们在前面已经说过,在后唐明宗李嗣源时代,令国子监校正九经,刻版印卖,时在公元932年。这个新疆老乡李嗣源,真有现代出版商的头脑,同时也替中国文化首先做了一件大好事。但到了后周广顺三年(953年),也就是郭威为帝的末年,九经版才雕刻完成,先后历时二十一年。同时,在四川后蜀的孟昶,也同意四川刻版印九经。

史载:"初,唐明宗之世,令国子监校正九经,刻板印卖,至是板成,献之。由是虽乱世,九经传布甚广。是时,蜀毋昭裔(人名,蜀之仆射,等于辅相)亦出私财百万贯营学馆(办学校),且请刻板印九经,蜀主从之,由是蜀中文学亦盛。"我还记得读过一本历史书,说五代刻九经版,冯道也有鼓动之功。

在另一方面,我们也可以看出,如五代这样一个乱七八糟的时代,你争王我争霸,兵荒马乱,民不聊生,但无论是汉、胡等族,以及后来的辽、金、元,对于保存中华文化的传统,大家都是一致的同心同德,这就足以说明中华民族文化和文明的特点啊!

(选自《原本大学微言》)

第七章

开基立业：政权的基因

金钱外交：赵家三百年的战略失策

南北宋三百余年来的赵家天下，先由黄袍加身的宋太祖赵匡胤开始。他根本就没有能力一统中华，所以中国北方的燕云十六州自己成长，先后被辽、金、元朝所占；对于南方云南迤西的大理，也无力统一。他想暂时安定，努力俭省节用，收集财货，用金钱攻势买回北方的一统。

五代数十年的战乱，人民困苦不堪。经他提倡俭约，宋初不到十五六年之间，洛阳近郊的民间先行富有，甚至挂帘子用的装饰都有银钩亮相了。他平常对人说："我以四海之富，宫殿悉以金银为饰，力亦可办。但念我为天下守财耳，岂可妄用。"尤其到了他的兄弟赵光义继位做了宋太宗皇帝，喜欢读书学问，并且继承哥哥赵匡胤的政策，避免军人将领干政，更加重文轻武，起用文人来管地方军政，授以大权。从此便养成以后三百年来的赵家子孙皇帝，都会遵守一个原则，所谓"守文弱主"。

在中国历史上，赵宋三百余年天下，"齐家、治国"比较特殊的规范约有三点。

第一，赵匡胤兄弟自小由贤母杜太后教育长成，虽然也是军人子弟出身，生性却比较孝顺，尊重母教，因此北宋在"齐家、治国"方面还算及格。而且北宋之世，先后有过好几位贤母型的太后，可为典范，因而比起历史上的帝王宫廷，北宋几乎没有皇后或皇太后把持朝政造成"女祸"的故事。

结合正史和宋人其他史料笔记来说，当赵匡胤已经知道大家都计划好了要临时兵变，"黄袍加身"拥护他做皇帝，仍不免有"既喜且惧"的心理。成功与失败，两者都不是儿戏。他就悄悄回家，想告诉母亲一声，向母亲请教。一进门，母亲和他最敬重的姊姊正在厨房做饭。他正好对她们讲了这件事。母亲听了还没有说话，姊姊就大声说：男子汉大丈夫，要做什么大事，心里就要有决断，还跑到厨房问我们做什么！一边说，一边把手里拿的擀面棒举得高高的，把他用力推了出去。赵匡胤听了姊姊的责骂，心中踏实了，立即转身回部队，到了晚上就闹兵变做了皇帝。他终身对这个姊姊敬畏有加，不敢怠慢。

而正史上怎样说呢？

后，定州（今河北省定州市）安喜人，治家严而有法。

陈桥之变,后闻之曰:"吾儿素有大志,今果然矣。"及尊为皇太后,帝拜于殿上,群臣称贺。太后愀然不乐,左右进曰:"臣闻母以子贵,今子为天子,胡为不乐?"太后曰:"吾闻为君难。天子置身兆庶(老百姓)之上,若治得其道,则此位可尊。苟或失驭,求为匹夫而不可得。是吾所以忧也。"帝再拜曰:"谨受教。"

这一段话,历史学家也并没有过誉其辞,同时也说明赵匡胤的成功的确得力于母教,赵宋开国老祖母真是"母仪可风"啊!

杜太后被尊为皇太后的第二年就死了。她临危时,赵匡胤随时侍候在身边,她叫赵匡胤召最亲信的辅相赵普进来,问赵匡胤:你知道你为什么这样容易得天下、当上皇帝吗?赵匡胤说:那都是靠祖先的阴功积德和母亲您的教诲啊!太后说:不对。是因为柴家(周世宗)使幼儿主天下,所以你占了便宜又卖乖。假使后周有年纪老成的后代做皇帝,你哪里有这样容易。所以我要吩咐你,你死后应该传位给弟弟光义做皇帝。光义过后,应该传位你三弟光美。光美过后,再传位给你的儿子德昭。你要知道天下之大,能够有一个比较老成的人来继位做皇帝,那就是社稷之福了!赵匡胤听了哭着说:"敢不如教。"儿子不敢不听妈妈的吩咐。这时,太后又对赵普说:你也听到了我的吩咐,做好记录,将来不可以违背了我的主意。赵普听了做好记录,并且在末后一行签了"臣普书",然后"藏之金匮,命谨密宫人掌之"。

第二,赵家兄弟自小就出生在军眷家庭环境中,赵匡胤出生在甲马营。他们兄弟都是将门之后,长大以后,也照例做职业军人,追随周世宗南征北战。赵匡胤因军功而升迁到殿前都点检的位置,得来并非偶然。所以他们极其知道战争的祸害和悲惨,同时也知道战争会给人民带来太多的痛苦。因此,厌武重文的心理比较强烈。

世界上有很多文人,最喜欢谈兵,他们实在没有当过军人打过仗,往往会把战场当作考场一样的紧张好玩。赵匡胤最初是以勇于作战而成名,他当然了解战斗并非好玩的事,所以登上皇帝宝座以后,就要考虑是否要以武力统一天下,或是另谋其他方略。他所以毅然在"舆图"上手把"玉斧一挥",暂且割开云南迤西一带的大理而不顾,固然不是勇者的所为,但也情有可原。而且他认为,当时北鄙的契丹等胡人进攻中原,其志只在财货的掠夺,暂且放下燕云十六州,人如只要富贵,就可用金钱攻势买回失地。这就是赵家三百年来由太祖内定的战略失策的致命伤。

第三,由兄终弟及而做皇帝的宋太宗赵光义,也如他哥哥一样,在军旅生活中长大,但他比哥哥还爱好读书与学问,所以历史上记载"兵间二十年，手不释卷"。出兵打仗，后勤还有十几匹马，是驮着书本从征的。因此，在中国文化中有两句最有名的成语，都是由他说出来的：一是"开卷有益"，这是他赞叹读书有好处的一句名言；二是"宰相须用读书人"，这也是他视学识为最重要的名言。还有一句，是和春秋时期卫国大夫蘧伯玉相同的话："吾年五十，方知四十九之非。"这也是他做了皇帝以后，更加知道实践的经验和修养知识相结合的重要，而且是心有所感的叹息。

赵匡胤只做了十七年皇帝，在曹彬灭了南唐、俘虏李后主的第二年就死了。他的死，也是宋朝开国一件重大疑案。所谓"烛影斧声"，便是说他在临死之前，和弟弟光义为了传位的事是有所争执的。也有人怀疑赵匡胤是被弟弟光义逼死或气死的，如云：

太祖不豫（快要死了，很难过），夜召晋王光义，属以后事，左右皆不得闻。但遥见烛影下晋王时或离席，若有逊避之状。既而上引柱斧戳地，大声谓晋王曰："好为之。"俄而帝崩。

赵光义继位，史称宋太宗，做了二十二年皇帝。他没有遵照母亲杜太后的遗嘱把帝位传给兄弟，再传侄子，而且早就以兄弟光美犯错误为借口，将他处置了，最后还是传位给自己的第三个儿子赵恒（宋真宗）。

据说，他不遵守杜太后的遗嘱，传位给自己的儿子，也是经过和赵普商量而决定的。赵普告诉他，太祖听信皇太后的吩咐，已经做错了，你可不要再错。因此就传皇帝之位给自己本支的子孙，直到徽宗、钦宗被金人所虏。康王南渡为南宋高宗以后，因为没有儿子，才找出赵匡胤一支后代七世的孙子赵昚过房做儿子而继承大统。后来因他对高宗比亲生的儿子还要孝顺，所以历史上便称他为孝宗。

我们为什么费了那么多时间说明宋初开国这一段的历史内幕呢？因为两宋的政治中心，表面上是尊重儒家孔孟之教的学术思想。儒学重"圣人以孝弟治天下"。从"齐家、治国"之道立论，对于兄弟的友爱情谊，自宋太宗开始，已违背他母亲的教诲和本身的初衷，而且犯了儒家"伦常乖舛"的大忌。

宋人笔记史料还记载，赵普临死时，因有负杜太后嘱咐，白日见鬼，吓得请僧道来做佛事以求忏悔，并且亲自写悔过书烧化，向杜太后祈求饶恕。不过，这是过于迷信鬼神之说，所以正史便不采录。到了清初，名儒查慎行（初白）有一首诗，专指宋初开国的这一桩公案，最为精彩：

梁宋遗墟指汴京，纷纷代禅事何轻。
也知光义难为弟，不及朱三尚有兄[1]。
将帅权倾皆易姓[2]，英雄时至适成名。
千秋疑案陈桥驿，一著黄袍便罢兵。

宋太宗继位做了二十二年的皇帝，传位给真宗赵恒，赵宋自开国到此，还不到四十年。但在黄河以北的契丹，国势兵力坐以强大，便在真宗继位的第七年出兵南犯，同时又派人来谈和，宋朝也派曹利用代表和谈。但契丹攻势，一路由北向南，到达澶州（今河南省濮阳市），军书告急，一夕五至。

当时的宰相"平章事"寇準，对于边防告急的公文一概不理，"饮笑自如"。真宗知道后，吓坏了，追问寇準，他便说"陛下欲了此，不过五日尔"，但陛下你一定要亲自到澶州前方去一趟。真宗听了很为难，其实是真不敢去，就想回宫。寇準拦住他说，你一回宫，我就见不到你了，"大事去矣"。另一位宰相毕士安便极力劝真宗要采用寇準的建议。因此真宗只好召开御前会议，商量御驾亲征的事。

有些大臣听到契丹入寇，吓死了，王钦若建议迁都南京，

---

1 后梁太祖全忠与宗戚饮酒酣醉，其兄全昱视帝曰："朱三，汝本砀山一民，奈何一旦灭唐家三百年社稷！"
2 针对赵匡胤的事，言将帅权倾人主者，皆欲篡位也。

也有建议迁都成都的。真宗便再问寇準的意见，寇準假装不知道是哪个人的提议，便说："谁为陛下画此策者，罪可斩也。"他就详细为真宗讲明战略上的胜算，因此真宗才决定御驾亲征。但他到了澶州，还是胆小不敢过河。寇準再三鼓励，而且说："陛下惟可进尺，不可退寸。"跟在真宗旁边的殿前都指挥使高琼也极力赞成寇準的战略，命令御林军士快推皇帝所坐的銮驾过河。前方战士看到皇帝果然亲到前方，便士气百倍，踊跃呼万岁，声闻数十里。契丹也被吓住了，赶紧用数千骑兵来进攻，但被宋军打败撤退。

真宗回到行宫，悄悄派人去看寇準在做什么。回报说，寇準正和皇帝秘书长杨亿在喝酒打牌，说笑唱歌呢！真宗听了，便说："準如此，吾复何忧。"但是到了最后关头，这位赵宋皇帝还是决定和谈，几次往返，仍由曹利用做代表，甚至愿意每年出百万两银子给契丹，互称兄弟同盟。同时有人在造谣挑拨"準幸兵以自取重"。因此，寇準对这样一个老板，实在也无能为力。但他特别吩咐曹利用："虽有敕，汝所许毋过三十万，过三十万，吾斩汝矣。"议和最后定案，每年给契丹银十万两，绢二十万匹，称宋朝为兄，契丹引兵北去。这便是两宋由宋真宗开始对辽、金、元等低首自卑，只用金钱外交的弱国政策。

但宋真宗却又自作掩饰地说："数十岁后，当有捍御之者。

吾不忍生灵重困，姑听其和可也。"其实，他是真的吓破了胆。后来，加上寇準的政敌王钦若的谗言，只是轻轻说了一句"寇準好赌"，澶州之役，他是拿皇上你的生命做赌注。从此寇準富国强兵的统一思想就永无出路，而且也被免了宰相职权，下放做地方官去了！

可是，宋初全国人心，仍然希望这个国家能够做到华夏一体的统一局面。那又怎么来对付这种政治趋势呢？因此便由王钦若出个鬼主意，假造"天书"，让真宗皇帝领导全国军民都信奉道教，敬事上天，只要太平安定，就不要随便谈兵、轻举妄动。

宋真宗想用宗教信仰的"愚民政策"淡化一统中国江山的全民思想，也并不如此简单。首先需要得到政府人民所依赖的宰相王旦的同意。因为宋朝的制度最尊重相权，而且对朝廷中的文臣也特别尊重。宰相是文臣领袖，也是全国民意代表的象征，所以必须先要使王旦默认这个不可公开的政策才行。但王旦对于这个措施始终不肯表态。宋真宗没有办法，只好向王旦府上多送名贵重礼，这是历史上皇帝第一次向宰相行贿。王旦心里有数，天下是赵家的，政府是赵家的朝廷，皇帝已经低声下气，要求宰相同意，行也得行，不行也得行。他就把皇帝送来的礼物封存起来，上朝回来，有时连礼服都不脱掉，入静室独坐。他是在打坐参禅呢，或是无言的抗议呢？他平常就是"与人寡言笑，默坐终日"，因此谁也无法窥测他的心境了。

可是到王旦临死时便遗命家人，不许用官服来埋葬他，只准用和尚的身份收殓。史载："旦遗令削发披缁以敛，盖悔其不谏天书之失也。诸子欲奉遗令，杨亿以为不可，乃止。"他是忏悔呢，还是遗恨呢？就不得而知了。同时也记载他对于当时用道教做愚民政策的事，也早有后悔，再想极力反对，又觉得"业已同之（已经同意了），欲去（辞职），则上遇之厚（但皇帝对他太尊重，太好了，不忍心离去）"。

虽然当时担任枢密副使（国防部副部长）的马知节，也曾经对宋真宗说过"天下虽安，不可忘战去兵"，但他自己到底没有恳切地表示这个意见，所以临死还不心安。

宋真宗也曾经在他病危时问过他，假如你过世了，谁做宰相最好，他就毫不迟疑地说寇准最好，除此以外，"臣所不知也"。读《宋史》，必须先要了解宋初真宗这一段事实的关键处，就可知道两宋三百余年，为什么会成为中国历史第二个"南北朝"。清人王仲瞿（王昙）在题名《汉武帝茂陵》的诗中说：

和议终非中国计，穷兵才见帝王才。
守文弱主书生见，难与英雄靖九垓。

王仲瞿这四句话,虽然言重一点,过于偏激,但对于治国当家者,实在是值得警惕的名言!孔子答子贡问政,曰:"足食,足兵,民信之矣。"并非只有发动战争才能解决问题啊!

(选自《原本大学微言》)

独特的文人政府风格,让宋代儒学走向盛兴

赵宋开国重文轻武的政策,恰为宋儒理学成长的助缘。由此而使《大学》《中庸》在儒学"十三经"中突出,和《论语》《孟子》共称为"四书",主导中国文化教育,再配合元、明、清考试取士、读书做官的政策,千年以来牢笼天下才智之士,使之陷于功名泥淖之中,难以自拔。但不要因为我的这一说法,便误解了儒家"四书"害了中国文明,或耽误了中国文明的发展。其实,儒家"四书"并没有妨碍中国,只是南宋以后的有些学者过于迂曲,误解了"四书",反而妨害了传统儒学对民族文明发展的重要作用。

要讲宋初的文运,必须先要注意,由盛唐到五代,帝王政权的兴替,与儒佛道三家之学的盛行,并无多大影响,甚至反使聪明才智之士,厌恶乱世,逃避现实,去参禅学佛或修炼神仙道学。宋朝初建,禅宗"五家宗派"正盛极一时。道家和道教经宋真宗的提倡,也是有声有色。例如宋真宗景德元年(1004年),就有禅僧道原首先汇集禅宗公案的《景

德传灯录》著作面世，而且有当时的名臣杨亿为它作序推荐。这是后世研究禅宗第一部重要的宝典，《五灯会元》等书都是后来居上的续成之作。在道教方面，也有张君房召集道士所集《云笈七签》大部著作的完成，为后世编集《道藏》开其先河。稍后，有张紫阳（张伯端）《悟真篇》问世，融会禅佛儒行的精华，是开创道家"神仙丹诀""南宗"的宝典。

但不要忘了，从五代后唐明宗李嗣源开始雕刻传统儒学"九经"出售，至周世宗柴荣时代"九经"刻版完成，以及西蜀四川"九经"的流通，都是促使宋初读书士子学习儒学更加方便有利的条件，也使儒学更为广泛传布。因此，宋初文运的鼎盛并非出于偶然，实在是有它的前因。同时也需要了解，在唐宋阶段，中国的学术文化重镇，大多还在关中及河洛等黄河流域，唐宋的名儒学者也是这个区域范围的人物占多数。过去所谓的"华夏文化""中原文化"，"中原人物"大多也是这一区域的人。

到了宋朝，由读书学儒而考取功名，渐至跃登为朝廷政要，功显当时、名留千古的一大群人物，大多都是平民、贫民出身的寒士，正如古人所谓"十年寒窗无人问，一举成名天下知"，或"一举名登龙虎榜，十年身到凤凰池"。

宋初开国第二十五年，也就是宋太宗继位的第九年（年号雍熙），就召请当时在华山的隐士陈抟入朝，在名义上是皇帝向他请教道术。究竟他们所谈的真实内容是什么，不得而知。历史所载，都属于官府公告式的官话，就不必讨论了。陈抟当然不会久留朝廷，立即请辞还山归隐。但在这一年内，太宗就颁发诏令，要求民间提供遗书。所谓"遗书"，就是有些人的著作还没有公开问世，社会上所不知道的书稿。过了四年，改年号为端拱，免了共同起事的布衣之交赵普的宰相职位，正式发布吕蒙正为同平章事（相当于宰相）。

吕蒙正，他是宋初最贫寒家庭出身的子弟。少年时，一边上山砍柴谋生，一边苦志读书，经常会在山上遇到大雨，肚子饿了，就将斗笠的雨水泡冷饭吃。他读书有成，功名得志，结果当了宋太宗的宰相。我们现在特别提出吕蒙正来，就是说明由他开始，宋初百年之间的文人政府中，大半都是贫寒出身的儒学之士。尤其在吕蒙正以后三十年左右，便有贫苦出身的范仲淹出仕，古人歌颂他是出将入相，英雄而兼圣贤，也是开创宋代文运最有贡献的大贤。我们只要翻开《宋史》，读了吕蒙正当宰相时，翰林学士钱若水答宋太宗的对话，便可知道宋代这种文人政府的风格，实在大不同于历代帝王政体。

宋太宗谓侍臣曰："学士之职，清要贵重，非他官可比。朕常恨不得为之（他说自己也很想做翰林学士）。"又曰："士之学古入官，遭时得位，纡朱拖紫（宋朝的官服形色）……足以为荣矣。岂得不竭诚以报国乎！"若水对曰："高尚之士，不以名位为光宠。忠正之士，亦不以穷达易志操。其或以爵禄荣遇之故而效忠于上，中人以下者之所为也（如果只是为了做官便表示对皇帝尽忠，这都是那些中等以下的人所做的事，还有什么好说的呢）。"

钱若水的一番话，代表了由宋太宗到真宗、仁宗数十年间，如吕蒙正、王旦、吕端、王曾、寇準一辈儒者的正义和作风，实在足为有志从政者的针砭名言。

到了宋真宗时，又征召终南山隐士种放入朝，结果种放屡隐屡仕。又因澶州之役过后，极力提倡"神道设教"的政策，便赐封信州（治所在今江西上饶）道士张正随号真静先生，为他建上清院及授箓院，这就是后世江西龙虎山张天师的起源。

我们了解了宋初的文运，有关儒佛道三教鼎足并茂的情形，再来了解宋初开国六十多年后，宋仁宗赵祯在位的这四十多年。仁宗朝是一群名儒贤相先后相继执政的鼎盛时期，也是宋代儒林和道学（理学）的开始。

宋仁宗登位前十年，还由刘太后主政，仁宗只是备位而已。到刘太后去世，宋仁宗二十四岁这年，才算是真有实权在手的赵家天子。但他亲政的第一件事，就是停止修造道观和佛寺，不用内侍（太监）罗崇勋，立即召范仲淹为右司谏，以备咨询。此后的宋朝文运，好像演电视剧一样，首先由范仲淹登场亮相,也并非偶然。当宋仁宗庆历(1041—1048年)前后,宋儒理学家的兴起,大部分是受范仲淹的影响,或经他培养推重而成名。而且在仁宗庆历三年前后开始,名儒而兼名臣的,就有晏殊、韩琦、富弼、文彦博、欧阳修、蔡襄等人。稍后,便有司马光、三苏父子、王安石等一辈人物。北宋影响一代的大儒,如胡瑗(安定先生)、孙明复(孙复,泰山先生),以及后世称为"五大儒宗"的周敦颐(濂溪先生)、张载(横渠先生)、程颢(明道先生)、程颐(伊川先生)、邵雍(谥康节,百源先生)等,直接或间接也都与范仲淹有关。我们大家都知道他的名文《岳阳楼记》中的名句"先天下之忧而忧,后天下之乐而乐"并非空言,而是他一生实践行履的守则。

范仲淹出生在苏州吴县,两岁时生父便死了,家境贫寒,母亲实在没有办法撑持这样一个家庭,就带着他改嫁给一个姓朱的人,他因此也被改了姓名。可是他从幼年开始,就很有主张、有志气。他明白了家庭关系和母亲的苦衷,就向妈妈痛哭一场,不愿再留在朱家。他到了南京,依靠亲戚家的微少帮助,努力读书求学。因为太穷,有时煮了一锅粥,凉了分作三块,每餐吃一块充饥。这样昼夜不息地读书求学,到了冬天,穿的衣服破了不够保暖,感觉太疲劳了,就拿冷水浇头,勉强提起精神来苦读。

有志者事竟成，他终于考取了进士，得到一个官位，为广德军司理参军，等于现在一个军区司令部的政治部主任兼管军法。这样，他总算有了薪俸待遇，就去接母亲回本家，恢复本姓。后来又调为大理寺丞，等于现在的最高法院院长，再后来又调职务，管过粮食工作。因母亲死了，就回家守丧三年，顺便教授学生，他可没有一点埋怨或不满母亲的心理，完全恪守儒行的孝道。三年过后，经由推荐，出任秘阁校理，等于现在中央办公厅的主任。跟着就出去做地方行政首长等职。

宋仁宗久闻他的人品和学问，所以皇太后一死，自己亲政第一年，就召他担任右司谏。仁宗并非刘太后亲生的儿子，因此很多人趁太后已死，就批评太后。范仲淹身任谏官，可以对皇帝讲不同意见的话。他对仁宗说："太后受遗先帝，调护陛下者十余年，今宜掩其小故，以全大德。"仁宗听了便说：我也很不忍心听这些闲话。就下令宫内宫外不准再讲皇太后垂帘听政这十多年的往事。这就是范仲淹推己及人，调和皇帝和养母之间的心结，促进宫廷政府之间的安定。他"要言不烦"，只提起皇帝的注意，你母亲养你且帮助你那么多年，就是有些不对，现在更不能旧事重提了。

五代以来，天下学校废坏。当仁宗还未亲政，在天圣五年（1027年）的时候，宰相晏殊提倡兴建学校，作为各州各县的标准，并延聘范仲淹做教师。范仲淹教授学生的作风，首先是重视养成一个人的品格，所谓"敦尚风节"最为重要。同时要关心天下事，不能只为自己着想。晏殊对他的教育方针和他本身的行为非常器重，认为范仲淹将来一定会成为国家社会的大器。晏殊是宋初才子型的宰相，人们最喜欢的词如《浣溪沙》：

一曲新词酒一杯，去年天气旧亭台，夕阳西下几时回。无可奈何花落去，似曾相识燕归来，小园香径独徘徊。

这便是他的流传千古的名作。文化最基本的影响力，就是文学，也叫文艺。你只要翻开一些宋词选集，第一位的，往往便是他的《珠玉词》。至于他的文集，有二百四十余卷之多，就很少有人去摸它了。古人所谓"但得留传不在多""文章千古事，得失寸心知"，就是这个道理。权势地位只可煊赫一时，并不能镇服后人的爱憎。文学和领导政治的成果一样，好坏永在人心。

晏殊对范仲淹的人品学问非常赞赏，同时也很欣赏范仲淹的文学才华。学问人品的基本，固然有关于天然的禀赋，但也是由道德修养而来。文学辞章就不同了，几乎百分之七十由于天才。虽然勤力学习，如无天然的才情，始终难得有文艺上的绝妙境界。所以清人赵翼论诗，便有"到老方知非力取，三分人事七分天"的感慨。尤其身兼文武韬略，出将入相的人物，大多富于才华，富于情感。古今的名将，具有军事天才的人，也是如此。只是一般人没有真正置身军旅，并不明白其中的道理。换言之，军事上的战略、战术和战斗，是战争的艺术，也是智力和情操的结晶。兵法即艺术，艺术即兵法，只是普通人不了解真正的武学，看到军人就怕，认为都是老粗，实在非常遗憾。

范仲淹奉命防御西夏，镇守边疆，号令严明，爱抚士卒。甚至敌人所属少数民族的羌兵，就互相警告：小范老子，胸中有数十万甲兵，不可轻触其锋。因此相率投降来归的很多。宋仁宗时期，因他而得边疆安靖，所以欧阳修便有"万马不嘶听号令，诸蕃无事著耕耘"，就是这个时期的写照。欧阳修极力奏请要用范仲淹做宰相，但范仲淹恳辞不干。可是范仲淹在前线的心情又是如何呢？且看他的两首词：

渔家傲·秋思

塞下秋来风景异，衡阳雁去无留意，四面边声连角起。千嶂里，长烟落日孤城闭。

浊酒一杯家万里，燕然未勒归无计，羌管悠悠霜满地。人不寐，将军白发征夫泪。

苏幕遮

碧云天,黄叶地。秋色连波,波上寒烟翠。山映斜阳天接水。芳草无情,更在斜阳外。

黯乡魂,追旅思,夜夜除非,好梦留人睡。明月楼高休独倚。酒入愁肠,化作相思泪。

这两首词都是他在防御西北边疆前线的作品,眼泪是真的眼泪,为国家民族的心也是真的耿耿忠心,情感和理智并无什么矛盾的冲突,他分得很清楚。至于他的名文如《岳阳楼记》等,大家都知道,不必多说了。

范仲淹以实事求是的作风,力行所知所学,为人民、为社会、为国家"诚意""正心"做实事,但求尽其在我,无负初心而已。这才是真儒实学的标准。他的一生,内刚外和,泛爱众而亲仁,乐善好施(博爱他人,爱做好事,肯布施),置义庄里中,以赡族人(为故乡地方族人买田,首先创办社会慈善福利产业)。但在他死后,家里没有太多积蓄,仍然保持两袖清风,书生本色。他的四个儿子,也都学有所成,而且智勇俱备,公正廉明,犹如其父。古今学者,能才兼文武、德行纯粹如范文正公仲淹者,便可以无愧于"儒行"了。

(选自《原本大学微言》)

党祸与真伪道学之辨

宋仁宗亲政，在公元 1033 年开始，接着就是英宗赵曙、神宗赵顼、哲宗赵煦三朝，前后六十多年之间，可以算是文运鼎盛，名儒辈出，也是中国历史上最尊重相权，最尊重文人学者的时代。但由神宗到哲宗的三十多年间，也是学者大臣各自固执己见，因意识主张的异同，互相争执，互相对立，终于形成"党祸"和真伪道学之辨的悲剧。

神宗时代，"拗相公"王安石执政，想要恢复王道的井田制度，实行管仲治齐的军政管理，建立"保甲"等制度，整顿田赋税收，促进经济财政发展，便大力推行新政，不惜排除平时文章意气相投的名儒大臣们的反对意见。渐渐演变，就明显成为派系斗争。到了最激烈的时候，就认定以司马光为首的是"洛党"，以苏东坡兄弟为首的是"蜀党"，极力加以打击。因此使文名最盛、才华毕露的苏轼先后被放逐两三次，使他与广东、琼州等地在文化历史上结下了不解之缘。

同在这个时期，如自相标榜为继孔孟绝学，高谈心性微言的程颢、程颐两兄弟，在王安石和苏轼两大高明之间，因彼此观点不同，被视为"伪道学"，那也是理所必然的结果。因为苏东坡和王安石不但以儒为宗，对于禅与道的见地，似乎也比二程等人尤有胜处。程明道（程颢）和王安石的学术意见和政见不合，程伊川（程颐）和苏东坡的政见也不合，欧阳修是明白表示反对佛老，司马光则持保留态度，他修编的《资治通鉴》，但取《魏书·释老志》以供学者参考，比较少加意见。

如果专以宋神宗时期先后来说，比较学行纯朴，足以为"五大儒"之首的，当以周敦颐（濂溪）为胜。尤其由他所制的"太极图说"，综合儒、道、阴阳的理念，常被后世道、儒各家所引用，作为依据。二程兄弟早岁曾从他求学，只是后来自相标榜，并不承认是学出濂溪之门。张载（横渠）是二程世谊后辈，而且曾经从二程问学，但也自成一格。

唯一不同的便是世称"百源先生"的邵雍（字尧夫）。他毕生阐扬易学，而且对于象数之学别有师承，不但为宋代"儒宗"所推崇，由他开始，经元、明、清千年以来，易学的术数、方伎等杂学，大多以邵康节的象数方法为标榜，有形无形地影响民间社会的风俗。二程兄弟平常很想向他探问易学象数的隐秘，但终因自视太高，不能明白他的精微。

但在邵康节临死之前，程伊川问他："从此永诀，更有见告乎？"他但举两只手一比做答案。伊川不懂，再问他，这是什么道理？他就说："面前路径常令宽，路径窄则自无着身处，况能使人行也？"换言之，邵康节深切知道程氏兄弟的学养，尤其对程伊川过于师心自用的个性更清楚，因此便告诉他前面的路要留宽一点，太窄了，自己都没有站的地方，怎么好叫别人走得过去呢？

在中国文化史上，以宋儒二程一系的理学，和南宋以后继承程门心法的朱熹儒学，接替了上古历代先圣和孔子的心印，实在是一件不可思议的大误会。正如禅宗大师普庵"一片白云横谷口，几多归鸟夜迷巢"的感叹一般。

可是自元、明、清以来，都奉朱熹的"四书"章句为标准课本，教导后生小子千年之久，比起西方"黑暗时期"和"经院哲学时期"的沉没还要长久。因此，20世纪初的五四运动，不得不起来打倒"孔家店"了！其实，这是先师孔子枉受牵连，应当为之平反才好。事实上，在宋神宗的时候，苏东坡已经提出过纠正的呼吁，如说：

性命之说，自子贡不得闻（性命之学，孔子没有明讲，就如子贡的高明，也没有听过夫子讲性命之说）。而今之学者，耻不言性命（但是现在的学者，不讲一点孔门性命之学，好像是很可耻似的)。读其文,浩然无当而不可穷。观其貌,超然无著而不可挹。此岂真能然哉(其实,他们哪里是真能达到见性知命的造诣呢)!盖中人之性,安于放而乐于诞耳!陛下亦安用之(这些人,都是中等人的资质,放任自己,高兴随便胡吹,皇帝你听他们的高谈学理,有什么用处呢)!

神宗看了他的建议,如有所悟地说:"吾固疑此,得轼议,意释然矣!"再问他:"何以助朕?"苏东坡说:"臣窃意陛下求治太急,听言太广,进人太锐,愿陛下安静以待物之来。"意思是说:第一,你想要改变政治体制,快点治国平天下,心太急了。第二,你听了许多不同意见,反而难以判断谁是谁非;第三,你为了达到理想的目的,进用人才提升得太快,皇帝你自己先要镇静下来才好。

苏东坡虽然说得对,但宋神宗也如汉灵帝和明神宗一样,谥号为"灵"或"神"。这两个字都是平议,后人含蓄地批评这些皇帝,本身生来就具有神经质的禀赋,思想情绪不太正常,当然无法求其"知止而后有定,定而后能静,静而后能安,安而后能虑,虑而后能得"的高明智境啊!

宋神宗到宋哲宗这三十几年,不同的学术思想,不同的政治意识,互相冲突,互相争议,可是没有因此而随便处死一个大臣或学者。看来有相当的主张自由、言论自由的味道。但毕竟是"乱哄哄,你方唱罢我登场"的"文戏",实际上对当时的南北对峙和富国强兵,并无什么好处。

但我们须知道,在北宋这一时期,何以能产生这么多"儒林"学者?原因不外三个:第一,因有五代雕刻九经的流通;第二,因在宋仁宗庆历时期,有毕昇用胶泥刻字,排成活字印书版的发明,从此而使书本更为流通,古书得以保存留传,而且还很快辗转流传到西洋;第三,公立学校和独家讲学的"书院"兴起,文化教育较为发达。古人说北宋五大儒的出世,是天命攸归。事实上,人间事还是人事所造成的,岂能归于虚无缥缈的天命?

宋哲宗死后,宋徽宗赵佶继承帝位。此时北宋的学术思想与政体变革等论争,都已渐渐淡化。但因受前代文学文化的影响,宋徽宗也如五代时南唐李后主一样,都是名士风流的才子皇帝。他擅长书法,又会作画,爱玩天然奇石。他讲究宫廷的建筑,在皇宫东北角动工新建花园式的宫殿,以堆叠劳民伤财所搜刮来的奇石。同时又相信道士林灵素等的蛊惑,笃信道教符咒神力可以安邦定国,会打退金兵,所以便放心大胆去玩弄当时的名妓李师师。

他也算很有福气吧!就凭这样一个败家子弟的样子,做了二十六年的皇帝。不料天兵天将抵不住金兵的进攻,就急急忙忙把皇位交给儿子赵桓继承,称为钦宗。不到一年,父子二人和后妃太子宗戚三千余人,都被金人所俘虏。最后,徽宗被囚死在东北的五国城。北宋王朝就是这样终结了。

(选自《原本大学微言》)

朱元璋的前因，塑造明朝政权的阴暗底色

　　东方古老中国的文化，经过宋亡元朝近百年来的摧折，由平民起义的各路英雄，基本上都不如汉唐开国的规模。明太祖朱元璋更不例外，既没有汉高祖刘邦的豁达大度，更没有唐太宗李世民的雄才大略。虽然朱明一代与汉、唐、元都是一统山河的帝制政权，但前追唐朝，后观清代，无论文治武功，都是黯然失色。有人说：汉朝四百年，是刘家与外戚宦寺（太监）共有天下；唐朝近三百年，是李家与女后藩镇共有天下；明朝近三百年，是朱家与宦官（太监）共有天下；清朝二百余年，是爱新觉罗与绍兴师爷共有天下。这样的史论，虽然过于笼统草率，但也蛮有道理。

　　在整个中国历史上，任何一朝一代的政风，都和开国之君创业立国的学养见解有牢不可分的关系。明朝近三百年帝室政权之所以如此阴暗，完全由于朱元璋本身的前因。他出生在元朝末代乱世的贫民家庭，在童年孤苦伶仃的生活中，早已埋下了看人世社会都是一片悲惨残忍的心理因素。后来

生活无着，为了糊口，只好到皇觉寺去做和尚。宋元以来的汉僧寺院，仍然具有丛林制度的严格清规，俨然一个政治体制组织。对于长上和各个职司，既要坚守戒律，又要集体劳务，所谓"敬"和"肃"的遵守，是它基本的精神所在。他做和尚的日子不算太久，对于佛教的慈悲和忍让的内养修持功夫，虽然也有所了解，但并未深入。况且皇觉寺的和尚也避不开时艰年荒、流离失所的遭遇，他只好出去化缘，仍然混不到饭吃，因此才去投军，加入平民起义的行列。

以朱元璋从小到大的遭遇情况来说，假如事业有所成就，这种人就会变成三种个性的典型：

一是对社会人群，始终充满仇恨和不信任，变成刻薄寡恩的作风。

二是对社会人群，反而具有同感痛苦的同情心，处处推己及人，愿意反馈社会，尽量做好事，成为一个大善人。

三是变成双重人格，既充满仇恨与刻薄，又很悲观而具有同情心。但有时仁慈，有时残忍，很难自制。

我们只要多读《明史》，仔细研究朱元璋，就可以了解到孟子所说孤臣孽子的心境了。如孟子曰："人之有德慧术知者，恒存乎疢疾。独孤臣孽子，其操心也危，其虑患也深，故达。"可惜朱元璋所遭遇的是时势造英雄，做了皇帝，却不达观。如果以他的聪明睿智，做一个中唐时代的和尚，一定会成为一代宗师，称佛做祖。但他的根本学识习性，仍然没有脱离少年时代为僧时的僧院知识，因此在他所创建的明朝政治体制中，有关官职的名称，有些仍然采用"丛林寺院"僧职的名位，如"都察院""都检"乃至称僧职叫"总统""统领"等名词，都是与"禅林寺院"职司的名号相同。

自他称"吴王"开始，到登位称帝以后，的确勤奋读书，努力学习。但很可惜，没有得到良师益友的辅导。如宋濂、刘基，他都是以臣工视之，并非尊为师友。如史载，他对两人的评语说："宋濂文人，刘基峻隘。"所以对于他们，始终是有距离，用而不亲，影响不大。在他心理上最大的缺点，就是始终有挥之不去的自卑感。古今中外的人性心理，凡是过分傲慢的人，都是由心理上自卑感在作祟。他自小由环境所造成严肃苛刻的生活习惯，很难兼容并蓄，更谈不到有"格物致知"的容人容物之量。

他在登位称帝以后，正如唐宋开国的皇帝一样，总想找出一个显赫有名的祖宗，作为自己的背景。李唐皇帝找到老子李耳，有道教教主的"李老君"做背景，是够神气的。赵宋也用道教的帝君来陪衬自己。朱元璋找谁呢？开始他是想用朱大夫子朱熹的关系。明人一部史料笔记记载，当朱元璋还正在犹豫不决时，刚好碰到一个理发司务（相当于今天所称的师傅），也姓朱，朱元璋便问他，你是否也是朱熹的后人？

谁知那个理发匠却答说，我姓朱，是另有祖先的，朱熹和我没有关系，我为什么要认他做祖先啊！这几句话，使他感觉很惭愧，因此就决心不认朱熹做祖先了。

不过，明朝开国，科举考试规定用朱熹《四书章句》为标准，推崇《大学衍义》等传统，实在又都是朱元璋的创制规定。以后一直沿用到清朝约六百年不变，并非事出无因。另如以宋儒理学家的严峻规范思想，制定对妇女的节操观念，限制重重，也是由他手里开始的。大家不可以把这些过错随便归到儒家礼教和孔孟的头上去，那是很不公平的。同时，另有一件故事，从现代人观点来看，一定觉得他很愚蠢，不懂得科学技术，因此而限制了科技的发明和应用，非常可惜。事实上，科技的发展给人类带来无比的方便，而且大有好处，那是事实。但科技的发展给人类带来精神文明上的堕落和痛苦，那也确是有相等的负面损失，这也是事实。所以在中国历史上，类似有朱元璋这种想法和做法的事，还不止他一桩。史载：

> 洪武元年冬十月，钦天监（管天文台的台长）进元（元代）所置水晶刻漏（最早发明的自鸣钟），备极机巧。中设二木偶人，能按时自击钲（铃声）鼓。上（朱元璋）览之，谓侍臣曰："废万机之务，用心于此，所谓作无益害有益也。"命碎之。

这样一来，由元朝时期从西洋引进的一些最初的科技知识，就很少有人再敢制作和发明了，实在可惜。假如当时一反过去历史上压制"奇技淫巧"的政策，加以提倡奖励，恐怕中国的科技就早早领先世界各国了。

由朱元璋开始制定科举考试取士的程式以后，朱明王朝历代职业皇帝们便严守成规，奉为定例。但当时的知识分子，也有人认为，把儒学局限在宋儒和程朱一派的思想见解上，很不恰当。所以到了朱棣赶走他侄子建文帝允炆，自称皇帝，改元"永乐"的第二年，便有江西饶州鄱阳儒士朱友季，"诣阙（自到北京皇宫大门外）献所著书，专毁濂（周敦颐）洛（二程兄弟）关（张载）闽（朱熹）之说"。永乐皇帝看了便说："此儒之贼也。""遣行人押友季还饶州，会司府县官，声其罪杖之，悉焚著书。"

永乐十二年（1414年），命儒臣纂修五经四书《性理大全》，开馆于东华门外。书成，永乐亲自写序。从此便使朱明一代儒学，偏向专注于性理的探讨，推极崇高而不博大了。

过了几十年，明宪宗朱见深成化二十三年（1487年），有礼部右侍郎丘濬进所著《大学衍义补》一书。他认为真西山（真德秀）的《大学衍义》虽是帝王学的中心思想，但缺乏治国平天下的事迹可供参考。因此，他采集经传子史有关治国平天下的事迹，分类汇集，加上自己的意见，以备帝王们学习治国平天下的学识。宪宗特别赏识，赐给金币以外，又进封他做礼部尚书，并命将此书刊行流布。丘濬是琼州（海南岛）人，少年时便有神童之誉，是一个才气纵横的人物。如他咏海南岛五指山的诗，便有"岂是巨灵伸一臂，遥从海外数中原"之句，大有岭南学派人物的豪情壮志，目空一切的气概。

（选自《原本大学微言》）

朱明三百年的文运弊端

我们现在不必读历史而流泪,为古人担忧。只对朱明近三百年来的政治文化,作一简单的结论。

明朝的文运,由朱元璋(洪武)和朱棣(永乐)父子,制定以宋儒程朱理学为主导的儒学以后,既不尊重相权,又更轻视文臣学者。朱家子孙十五个职业皇帝,除了被太监宫女们玩弄在股掌之中以外,几乎找不出一个对历史社会有很大贡献的。其中两三个稍有特别天才的,如英宗朱祁镇,如果不做皇帝,专学天文,应该可以成为名家;神宗朱翊钧,不做皇帝,专业经营,或从山西票号做学徒,以他爱钱如命的个性,一定可以经商致富;熹宗朱由校,不做皇帝,专学建筑设计或土木工程,也应该大有成就。但很可惜,他们都不幸而生在帝王家,当了职业皇帝,反而在历史上留下许多劣迹。

朱元璋从佛门和尚出身,做了皇帝以后,除了本身太过严厉,杀戮太过,留给后代以刻薄寡恩的榜样以外,其他功过善恶,很难定评。最大的缺憾就是"不学无术"。但"佛门一粒米，大如须弥山；今生不了道，披毛戴角还"，所以他的子孙仍然要出家为僧，偿还这个因果。起初是他的孙子建文帝朱允炆，被永乐所逼而出家，最后仍由崇祯的断臂公主出家为尼，了却佛门一代公案。

明朝近三百年来的文运，规守在宋儒理学的范围以内，使传统的诸子百家之学更无发挥的余地。在《明史》上的儒学文臣，除如于谦、海瑞、王阳明、张居正等少数特殊之士以外，其余大多不得展其所长。因此，在代表一个时代的文学方面，也没有格外的特点。如唐诗、宋词、元曲之外，唯一可以代表明代的文艺，就是小说，如《三国演义》《水浒传》《西游记》《封神演义》《金瓶梅》等。这些著作，也代表了明朝一般知识分子的心声，生在一个无可奈何时代的反感和悲鸣。

所以在世宗嘉靖时期，就早有李贽（李卓吾）一类愤世嫉俗的学者出现。李卓吾明说当时的道学先生们为鄙儒、俗儒、腐儒，又说他们是"言不顾行，行不顾言，阳为道学，阴为富贵，被服儒雅，行若狗彘"。但他不只反对道学，他自称不信道，不信仙释，甚至讨厌见任何人，既讨厌和尚，更讨厌道学先生，贬斥六经，认为不能专以孔子之是非为是非，因此得罪名教，遭劾系狱，自刎而死。

古人所谓的"名教"一词，就是指儒家孔孟之教的意识形态。单是一个"名"字，有时便代表论理的逻辑观念。"遭劾"就是为当时在朝廷的儒臣们所弹劾，认为他犯了意识形态上的大错，所以就入狱坐牢了。事实上，他最初是从王阳明的学说中脱颖而出，因对时代社会的不满，太过偏激，形成狂态。另如神宗万历时期的袁宏道（中郎）、袁宗道、袁中道三兄弟，都有才名，当时人称"三袁"。尤其以袁中郎的声名更盛，但他也是对时代不满，早年就辞官不做，专以诗文名世，不与世俗相争。

明代的文运，诸如此类，所以到了万历后期，就形成以太监头子魏忠贤为首，指顾宪成、高攀龙等二百多名学者为东林党，兴起党狱，随便定罪杀戮儒臣学者。一直到了李闯王的民兵入京，崇祯朱由检自杀，清兵入关，才结束了从皇觉寺开始，到东林书院而变为东林党的党争的历史，使朱明与太监共天下的近三百年王朝了结完案。因此而刺激了明末清初的大儒遗老，如顾亭林（顾炎武）、李二曲（李颙）、傅青主（傅山）、王船山（王夫之）等，扬弃理学专讲性理的义理弊病，转而重视实用和考据之学，才使中国文化在清朝开始归于义理（哲学）、考据、词章三大类的学问，对于猎取功名科第的科举八股文章，都是余事而已。

（选自《原本大学微言》）

第八章

帝王治术：君临天下的手段

运气加持，最先运用"代理战争"战略的满人夺取天下

接着明代已尽的气数，满族爱新觉罗的入关，便是中国近代史到现代史的关键所在。当满人入关称帝以后，在过去二百多年的时间，始终存在满、汉民族意识情绪的斗争。但从满族的立场来说，因为明末时期的政权已经物腐而后虫生，自己不能收拾，所以才请他们入关来澄清宇内。大家都是炎黄子孙，天下本是天下人的天下，有德者居之，这有什么不对？雍正《大义觉迷录》的立论，就是由这个观点出发。

事实上，从中华民族发展史来讲，暂且不说魏晋南北朝的阶段，但从唐末五代到南北宋和辽、金、元这个时期，大约四百年之久，表面上是政权上称王称帝和民族性的争夺，但在华夏文化的立场来讲，辽、金、宋、元、明、清，实际上仍然都在儒、佛、道混合的文化基础上发展演变，只在空间区域上有南北之分，在时间轨道上有朝代之别，从中华民族整体的统一文化来讲，始终都是一致的。尤其满族与辽、

金在氏族血统系统上的关系更为密切。这又是历史上的一个专题，暂且不论。

满族在明神宗万历十六年（1588年），从努尔哈赤统一建州卫，首先修建第一座佛寺及玉皇观等寺庙。正值万历二十七年（1599年）开始，仿造蒙古文字的方法，创造满文，但那也只是从言语读音的区别上，创立了文字的符号系统。而在人文生活的文化上，包括政治体制，仍然都是学习华夏文化的传统，并无另有满洲的文明。万历四十四年（1616年），清太祖努尔哈赤称"汗"，建元天命，自称国号为"金"（史称"后金"），这很明显的便自认为是金人的后裔。

再到明熹宗六年（1626年），努尔哈赤卒，由皇太极（清太宗）继位，改元天聪，政治体制也更加汉化。尤其在后金天聪三年（1629年）即设立"文馆"，并将以往由征明所俘虏的儒生三百人，分别考试优劣，逐渐录用。后金天聪四年（1630年），议定官制，设立吏、户、礼、兵、刑、工六部，统学明朝体制，并令满族子弟皆须读书。当时初建的文馆，后来再加改制，到了入关以后，在顺治、康熙王朝，便正式扩充成为"内阁"。所以入关之初的儒臣如范文程、顾八代（文起）等人，都是镶黄旗的明儒汉人后代。

皇太极为什么命令旗人子弟皆须读书呢？如史料所载：

上（皇太极）谕诸贝勒曰："我国诸贝勒大臣之子，令其读书，闻有溺爱不从者，不过谓虽不读书，亦未尝误事。不知昔我兵之弃滦州（河北地区）四城，皆由永平（河北卢龙）驻守贝勒失于救援，遂至永平、遵化、迁安等城相继而弃，岂非未尝学问，不通义理之故。今我兵围（明朝）大凌河（在辽宁），越四月，人相食，竟以死守。虽援兵已败，凌河已降，而锦州、松杏（皆在辽宁）犹未下，岂非读书明理，为（明）朝廷尽忠之故乎？凡子弟十五岁以下，八岁以上，皆令读书。"

这就是皇太极在当时已经体会到，读书明理与忠贞爱国的情操确实具有重要关系，所以他要旗人子弟读书，后来再发展到要求武将也必须读书。但在当时所读的书，基本上就是孔孟之道的"四书"最为重要。

从开建文馆，录用明朝遗留在东北各地的儒生，归入旗下以后，不到两三年，他们果然成为给大清出谋划策、文韬武略的中坚分子。如宁完我首先上疏言事，建议厚待汉人。接着便有贝勒岳托提出优待汉人赐婚等的办法。然后，就有朱延庆、张文衡等先后上书，请即征明的建议，他们当然都是出身文馆的明儒后裔。但皇太极的头脑并不简单，不失为具有雄才大略的领导人，他对征明会议的讲话，就大有可观之处。如说：

进言者皆欲朕速出师，以成大业。朕岂不愿出此！但今察哈尔新归附，降众未及抚绥，城郭未及修治，何可轻于出师！朕于旧人新人，皆不惜财帛以养之（如明之降将孔有德、耿仲明、尚可喜等），欲使人心倾服耳。若人心未和，虽兴师动众，焉能必胜？朕反复思维，我国既定，大兵一举，彼明主若弃北京而走，追之乎？抑不追而攻京城乎？抑围而守之乎？若欲请和，宜许之乎？抑拒之乎？若北京被围，逼迫求和，更当何以处之？倘蒙天佑，克取北京，其人应作如何安辑？我国贝勒及诸姑格格等，皆以贪得为心，宜作何禁止？尔高鸿中（时为刑部承政）、鲍承先（时为文信榜式）、宁完我、范文程（沈阳汉族旗人）等，其酌议以闻。

同时，又谕文馆诸臣择史有关紧要者，据实汇译成书，用备学习。如说：

朕观汉文史书，殊多饰词，虽全览无益也。今宜于辽、宋、元、金四史，择其紧要者：如勤于求治而国祚昌，或所行悖道而统绪坠，与其用兵行师之方略，及佐理之忠良，乱国之奸佞，汇译成书，用备观览。

接着就以归降汉官为各部承政，并遣大学士范文程祭先师孔子。

事实上，在这个阶段，清朝曾经有两三次致书明朝请和，而明廷都没有理会，更没有正式回应。因此便在计策万全以后，才一步一步派满蒙部队侵近山海关，但仍然不敢有公然征明的大举。

直到皇太极逝世，由第九个儿子，年方六岁的福临继位，多尔衮摄政，李闯王民兵攻入北京，朱明末代皇帝崇祯自杀，吊死煤山，才有吴三桂向清朝乞师，使清廷正当孤儿寡妇当政的危机中趁势而驾。由吴三桂为前驱，福临名正言顺地入关进京，登上皇帝的宝座，成为大清朝入主中原的第一代皇帝，年号顺治。从中国几千年的历史来说，取得天下如此容易侥幸，真可算是最稀奇特别的一代。如照古文精简的说法，便叫作"异数"，也就是说有特别的好运气，不是人力所能勉强做到的。

清兵入关，福临在北京登位称帝，改年号为顺治，此时已经是17世纪中叶，即公元1644年。这个时期，除了帝都北京以外，中国各省州县并未完全被大清朝所统一。除李闯王、张献忠等遣散的民兵势力还未平定以外，在南方还有"南明"等临时政权存在，而且各地的抗清武力皆未削平。所以当顺治在位十九年的时间里，全国还在兵荒马乱的战争状态，清室的皇权也还处在安危未定的局势。

如从军事武力来讲,入关前后的清朝八旗子弟,全数亦不过三万多人。加上在皇太极时代收编内外喀喇沁蒙古的丁壮一万六千九百一十三人,另行分编为十一旗(属于蒙古族),总数加起来还不到五万人。至于当时蒙古的人口,大约为四十万,但并未完全归服满族,何况扣除老弱妇孺,能征调动员的兵力也非常有限。何以他们能以十来万人的武力(这是比较宽松的估算)入关,统治当时上亿人的中国呢?

如果要了解这个问题,首先就要明白,在人类世界战争史上,最先能够运用"代理战争"战略的,可以说便是满人。他们在东北,由皇太极时代开始,略地攻城,夺取明朝在东北的要塞,就已经运用被收编的蒙古旗兵参战。入关以后,南征北讨,也都是以蒙古旗兵参合互用,而从一般汉人来说,无论是满旗、蒙旗,统称之为清朝旗人或旗兵。而且后来平定南方,统一全国,又是运用汉人汉兵作为代理战争的先驱。如用洪承畴及吴三桂、尚可喜、孔有德、耿仲明藩镇四王,便是最明显的成例。

所以当郑成功率水师十七万北上,入长江,克镇江,围南京的战役,防守北方的旗兵还不足万人,而且大多是老弱残兵。顺治和皇太后表面镇定,内心已准备在不得已的情况下就出关回避。结果郑军因气象变化,天时不利,加上郑成功方面没有准确地侦察情报,而且反攻郑军部队的也正是汉兵。因此,郑军只好迅速退走,反成败局,虽曰人事,岂非天命哉!

(选自《原本大学微言》)

康熙：统治学术高明的帝王

依史论史，清朝康熙、雍正、乾隆三代统治的中国，除了满汉民族性争议的缺失以外，从版图的一统、政治的清明乃至文治武功的成就，不但无愧汉唐，甚至超过汉唐。如历代王朝的女祸、外戚、太监、藩镇等弊害，几乎绝无仅有。这些良好根基的建立，是从康熙时代所奠定。唯一可惜的，如果在入关之初舍弃满族初期偏仄的习性，不改中国传统的明代衣冠，不下令全国剃发编辫子，那在统一江山的工作上必然会事半功倍，顺利得多。

康熙只有八岁，就由他的祖母扶持即位，但清廷局势还在内忧外患、岌岌可危之中。随着他逐渐成长，内去权臣鳌拜，外平三藩及台湾之乱，安抚蒙藏，绥靖全国，先后做了六十一年的创业皇帝，实在不容易。而且他对学识修养也特别勤学，如对天文、数学等外来学识，也特别注意。对于中国传统的儒家和理学也很用心，尤其对宋儒程朱的《大学》《中庸》所说的修养，也很有心得。

如果从帝王的统治学术来讲，他是真的高明，他非常了解真儒实学，必须内（圣）养与外（王）用的实践事功相配合。正如孔子所谓："我欲载之空言，不如见之于行事之深切著明也。"他曾经问过文华殿大学士张玉书："理学之名，始于宋否？"张玉书对说："道理自在人心，宋儒讲辨加详耳！"康熙就说："日用常行，无非此理。自有理学名目，彼此辨论，而言行不符者甚多。若不居讲学名，而行事允合，此即真理学也。"由此可知，他对于孔孟之道和宋儒理学的明辨，早已了然于心，他只是为了化民成俗，顺应民情而已。

再看他如何治理边疆祸患。这里必须提起大家的注意，中国几千年来的祸患，多是由边疆问题所引起，从秦汉以来的边祸，如南北朝、五代、辽、金、元等时代，祸患常起于西北、东北及北疆。

到了明清时代，几经战伐的混一，已连线为由西藏高原到新疆、蒙古而直达黑龙江畔到沿边入海，至于朝鲜。自清朝中叶以后，海运开放，新的边患便由西南到东北幅员万里的海疆而来。但如20世纪30年代初日本的侵华战祸，他们仍然是利用满蒙做起点。过去如此，将来未必不然。所以有志谋国的人，不能不先须留意中国的边疆政治问题。中国古人的成语所说"天塌西北，地陷东南"，实在很值得深思！

我们大约讲到清初康熙对统一大清江山的内政和儒家文

化的关系。但在满蒙之间，还是各怀二心，并非一致。而且蒙藏又是宗教一家，情有别钟，应付起来并不容易。可是由努尔哈赤到皇太极，早已心中有数，知道安服蒙藏的最高战略就是佛教，而且是佛教里突出的喇嘛密教。

在历史上，如南北朝的北魏等，以及南北宋时期的辽、金、元等，虽然都是归向儒、佛、道三家的文化，但北方的各个民族，注重佛、道的情绪尤过于儒家。这是历史的惯例，也是由西北到东北各民族的习性。问题研究起来，并不简单。有关密宗喇嘛教的发展来源，又属于专门的问题，在这里也姑且不说。

康熙对于这个问题，当然非常清楚。他在平定南方，统一中国以后，就回转来要确实整理蒙藏了。所以他在康熙三十五年（1696年）便亲征噶尔丹，先要示之以武。以后便用尊重喇嘛教来作为长治久安的政策。因此，他在多伦召集蒙古各族王公会盟，便把明朝永乐时期宗喀巴所创黄教一系在蒙古的章嘉二世阿旺洛桑却丹，封为国师。使章嘉和在前藏的达赖、在后藏的班禅等，为安服边疆，协调蒙藏各族等的矛盾工作。这样一来，就可省却军政劳役和经费。至于在蒙古第一世的章嘉呼图克图（"呼图克图"意为无上大师，俗称活佛），名章嘉扎巴沃色，是青海红崖子沟张家村人，原称他是"张家活佛"。当康熙亲征噶尔丹时，认为张家活佛名号不雅，便从第二代起改名为"章嘉"，从封为"国师"的尊号以后，就经常出入皇宫，奔走塞外，深得康熙的信任。事实上，第二代的章嘉喇嘛也确是有道的高僧。

西藏第五世的达赖喇嘛阿旺洛桑嘉措，对佛法的修持和世法的见解，都有特别的造诣，章嘉二世早年也曾从他求学。五世达赖在皇太极时期，已经派人到盛京（辽宁沈阳）献书进贡。顺治九年（1652年），五世达赖亲自到北京朝见。顺治待以上宾之礼，住在宫内的太和殿，又特别建一所西黄寺给他住持，封为"西天自在大善佛"。

到了康熙三十四年（1695年），达赖左右的权臣第巴，秘密和噶尔丹等勾结，假借达赖名义，遣使向清廷奏请撤回西藏、青海等处所置戍兵。康熙心知内情，严斥第巴，不准所请，跟着便有御驾亲征噶尔丹之役。五世达赖身故后，第巴把持前藏，造成转世的六代达赖有真假双包案，也就是西藏历代流传第六代达赖文学名著情歌故事的一代。

闹到康熙四十九年（1710年），再经议政大臣等会议，达成拉藏及班禅呼图克图与西藏诸寺喇嘛等，会同管理西藏事务一案。"今经侍郎赫寿奏请，波克塔胡必尔汗，前因年幼，奉旨俟数年后授封。今既熟谙经典，为青海诸众所重，应如所请，给以册印，封为第六世达赖喇嘛。"从此以后历代的达赖喇嘛选定，几乎都有故事。直到乾隆五十七年（1792年）

发起金瓶掣签，才定下了以人定胜天的解决办法。这个乾隆时代所颁发的金瓶，到现在还照旧应用。

蒙藏两地，从元明以来都是坚信藏传喇嘛教为无上密法，对于内地佛教各宗，除禅宗以外，都轻视排斥。康熙却能善于处置蒙藏两地呼图克图，各有差别待遇的办法。

以他的日常作风来说，决不肯强不知以为知，他当然对佛学也需要进一步深入地了解，平常只是绝口不谈而已。他最喜欢亲自题赐各佛寺的匾额，尤其在他一生中，曾经三上五台山，实为以往帝王少见的举动。第一次在康熙二十二年（1683年），也正是他三十岁的那年；平定三藩及台湾之乱以后，就上五台山住了一个月左右。因此后世的人就拿他做文章，说他是去亲见出家的父亲顺治皇帝。第二次，康熙三十七年（1698年）正月，是平噶尔丹以后的第二年。第三次，在康熙四十一年（1702年），春正月，再去五台山住了十多天。

五台山是中国佛教四大名山之一。佛教徒们依据佛经的叙说，认为五台山是大智文殊师利菩萨的道场，四川峨眉山是大行普贤菩萨的道场，浙江普陀山是大悲观世音菩萨的道场，安徽九华山是大愿地藏菩萨的道场。文殊师利又是蒙藏两地喇嘛密教最为尊崇的宗祖。五台山上的佛寺，过去以密宗的喇嘛庙为主，只有少数内地的禅寺。康熙钟情五台，与其说他是去见出家了的父皇，毋宁说他是借机澄心静虑，亲自体认"内圣外王"之道，治内地须用儒家，治满、蒙、藏地须用佛教吧！这是为了说明康熙时代的外示儒学、内用佛老的要点。

（选自《原本大学微言》）

雍正：与污名同行，历代定鼎守成帝王中的奇才

康熙自十五岁亲政，长期处于内忧外患的情况中。他从实践中所得的经验，影响到第四个儿子雍正，使其自小就重视学问，尤其醉心于禅宗佛法。这是顺理成章的因缘成就。不然，雍正早年还身为皇子的时候，居然潜心佛典，被封为亲王后更加认真，公然在王府中领导少数臣工，自称学佛参禅，甚至还杂有出家和尚们的参与，岂非怪事。"知子莫若父"，如以康熙的英明，对儿子们的这些作为，绝对不会毫不知情而忽略过去。事实上，他对雍正的参禅学佛，根本就不置可否，也从来没有告诫过。这不能不说他是有意培养，至少也是并不反对。

可是一般写清初历史小说的人，大多都把雍正的参禅学佛，写作夺嫡争权的手段，认为是以退为进的权术。其实，在康熙的时代，根本就没有把储位的密旨先行写好，放在"正大光明"匾额后的办法，这个办法是雍正本人所开创的。

因为他有鉴于历史上对储位之争的故事，如唐太宗李世

民，也为了立太子的事气得发昏。现在又亲自看到本身父兄之间立储和废太子的事，又加众多兄弟之间明争暗斗的惨痛内情，所以他在登位第一年的八月间，就命总理王公大臣等，将密封建储事的锦匣收藏于乾清宫"正大光明"匾额后，并且明说是"以备不虞"。所谓"不虞"，就是意想不到的事。因为人的生命无常，况且身居高位，无常之变更多，万一本身不保，后继无人便难办了。而且如果自己所定的人选，因环境影响而变质变坏了，要想更换另一个人，也会引起很大的不安。凡事以豫立而不劳，不如采用这种公开秘密的办法，早做准备为妙。然而从清末以后，一般人便颠倒清史的前后关系，说雍正用手段改掉了藏在匾额后的遗诏，抢得皇位，未免有失公允。

我们现在要讲的问题，无关这些历史疑案的争议，只是说继康熙以后的雍正王朝，更为明显的是外示儒学、内用佛老的文化政治内涵。

去故宫档案中仔细查一查雍正在位十三年来所批过的奏折，各位就会承认，他是历代帝王中最为认真勤政，而且生活比较俭朴，嗜欲比较淡泊的皇帝。如果他无诚心办事的真情，没有过人的精力，的确经不起这样昼夜勤劳文牍的工作。但他对禅宗佛学方面的编著，比起他所批奏折公文的分量还要多得多。批奏折、编著书，都要动脑筋，用手来写的。那个时候没有打字机,更没有电脑,他身为帝王之尊,不要说日理万机,就是十多年来关门闭户,专心写作,也未必能有如此精辟丰富的成绩。不过,对于雍正深入禅佛的学养方面,我相信将来必有专家去研究,我们姑且点到为止。

但要补充一点,雍正平生书法,也极力学习他父皇的字体,只是笔力劲势稍有不同。所以只要在故宫保存的康熙晚年所批奏本中,找出雍正代笔批阅处置的资料,便会了解康熙早已有心培养他可能继承帝位的干练才能。如此,就可明白康熙在临危时何以匆匆召来雍正,咐嘱他来登位的史实了。

清初康熙一代的施政重点,在于平定内乱,统一全国。而且最注重的是治理黄河与运河灾患,费了很大的精神和力气。对于全国知识分子"反清复明"的意识,存在满汉之争的紧张情绪,只能用怀柔绥抚的政策,举行"博学鸿词科",以时间来争取和缓。

雍正继位之前,他处身皇子之位,已有四十余年的经验和阅历,关于诸多兄弟之间的事故,以及八旗子弟与满汉之间的情形,他深知利弊。尤其对满族旗人的贪婪和腐败情形,正如他祖先皇太极当年所说的"皆以贪得为心",必须做出处置。因此,他继位以后立即雷厉风行,毫不留情地先从宗室动手整顿。接着,就是清理八旗子弟的游惰和贪渎。所以他首先得罪树敌的不是汉人,却是他自己的宗室和满族旗人。

因此，他的宗室族人勾结汉族臣民，造谣中伤不遗余力，甚至尽量宣传他是如何使用奸诈取得权位的。

在康熙晚年，朝廷收入的财赋及库存银两已渐见支绌，并且与各省地方之间的财赋库存已有矛盾。康熙四十八年（1709年），已经有诏谕户部及各省要"从长商榷"。其中有关宗室重臣及各省大吏的贪污侵占情形，以及权臣如年羹尧、外戚如隆科多的别有异心，雍正在藩邸时早已清楚，但康熙以宽大为怀，雍正自己又处在诸王大臣及兄弟之间争权的嫌疑地位，当然不好明显表态。所以当他登位以后，便着手严格处置满汉权臣，整顿田赋财税，即使是兄弟宗室也毫不留情。

历来在政治上整饬纲纪，肃清贪污，几乎没有一朝一代不弄得灰头土脸的。宋朝的包拯虽称"包青天"，但他也并未办过整理财经的大案。不然，就是万里无云的青天，也会风云变色。可是雍正却不顾一切，亲自动手做到了，清朝的国库充足了，贪污犯罪的官吏倾家荡产了。因此，有关满汉反对派的怨怒，就一概集中到他"朕"的一身了。但他是学佛参禅的健者，深切体认到永嘉禅师所说"办事定"的学养，如止水澄波，万象斯鉴。只要见地真，行履切，即有如庄子所说的"举世誉之而不加劝，举世非之而不加沮"的决心，就毅然地做了。

雍正元年（1723年）正月，还未正式视政之先，就颁谕旨十一道，训饬督抚提镇以下各官。这就是先声夺人，告诉大家他要开始整肃了。如照现代观念来说，他已首先宣布施政报告的方向。我们现在依据史料所载，略选几则他的主要施政，并酌加简单说明。

如有关农业经济的开发和利民的事，即定"起科之例"："谕各省凡有可垦之处，听民相度地宜，自垦自报。地方官不得勒索，胥吏亦不得阻挠。至升科之例，水田仍以六年起科，旱田以十年起科，著为例。"这是集权于一身的帝王专制政治时代，不是如20世纪民主时代经民意代表的提案，再经会议决定来办的。雍正生在深宫之中，长于皇族家庭，可是他却深察民隐，就这样独断独行，严令照办。尤其他明白指出地方官的惯性勒索和基层干部的有意阻挠，是不准许的。这是很值得赞赏的事。

夏四月，复日讲，起居注官。这也等于自找麻烦，要大臣随时记录他生活和办事的是非好坏，然后才初御乾清宫听政。

跟着便下令，除山西、陕西教坊乐籍，改业为良民。教坊乐籍是当时历代要唱戏及专为民间婚丧喜事等奏乐的贱民，甚至包括做娼妓。这是明朝以来的弊政，把战俘和罪人亲属归入这种户籍，子子孙孙永远不得出头。可是雍正却以佛家的慈悲、儒家的仁德，首先下令解放了他们。如照我们现代来说，他早已有了"社会主义"思想的意识了。

六月，命京师八旗兵无恒产者，移驻热河喀剌河屯桦榆沟垦田。他这道命令，对那些入关征战有功的满族八旗特权子弟，会引起多大的埋怨和愤恨啊！可是他却严厉地做到了。后果呢？当然是众怨所归了。

八月，谕诸盐政约束商人，循礼安分，严禁奢靡僭越。在中国过去历代财政经济上，最重要的财货，首在盐和铁的生产和贸易。经营贸易盐铁，是大生意。例如"二十四桥明月夜，玉人何处教吹箫"的扬州，就是大户盐商的集散码头。盐商巨贾有富可敌国的豪门，有了钱，便在苏州造园林，奢侈胜过王侯。做盐道的官，比做皇帝还要阔气。可是雍正非常明白，他是不愿这些官商勾结，胡作非为。所以他这一道改革的命令，也是招怨的要素。至于建储匣，藏在乾清宫"正大光明"匾额后面，就是这个月中的事。

九月，除绍兴府惰民丐籍。这又是一道解放贫民，使穷人翻身的仁政。所谓浙江的惰民和丐籍，原来都是明初俘虏张士诚残兵败将的后人，一部分圈在浙江绍兴，既无恒产，又没有谋生技能，便永远变成游手好闲的穷民。更苦一点，就沦为乞丐。由明朝到清初，还专门把他们编为惰民或乞丐户籍来管理，永远不得翻身。可是雍正却下命令取消了这种户籍,使他们做一般良民的自由人。你能说这不是仁政吗?

十一月,禁止奸棍私贩中国幼稚出口,卖与蒙古关口。官员兵丁,不行查拿者,分别议处。著为例。所谓"著为例"就是作为永久立法。

十二月,当时有西洋人在内地潜传天主教,因浙闽总督觉罗满报奏,恐会有煽惑人心,要求驱逐出境。但雍正不因宗教信仰不同的外国人便加敌视,却下令各省地方官沿途照看西洋人,好好安插他们到澳门居住,以示宽大。

二年四月,命左右两翼各立"宗学"一所,拣选宗室四人为正教长,十六人为副教长,分别教习"清""汉"书。

六月,又命内务府余地一千六百余顷,及入官地二千六百余顷,设立井田,将八旗无产业人,自十六岁以上六十岁以下者,派往耕种。满洲五十户,蒙古十户,汉军四十户。三年以后,所种公田之谷,再行征取。这件事,他在文书中便有"共力同养"的要求,如从现在人观念来讲,等于是首先实行"共产主义"的试验农场。事实上,可以看出他一步一步对八旗子弟的整肃和管教。

九月,首先命山西丁银摊入田赋征收。

三年正月,遣官于直隶固安县择官地二百顷为井田,命八旗无产之人受耕。

三月,允朱轼请求,修浙江杭州等府、江南华亭等县海塘，捍御潮汐。

四年二月，定陕西延安府十七州县丁银概从下则，以二钱为率。

四月，命云南通省丁银，摊入田亩内征收。

六月，禁赌，准许吏胥在赌场所获银钱，不必入官。即赏给拿获之人，以示鼓励，永为定例。

十二月，两浙盐商输银，照两淮盐义仓之例，于杭州府地方建仓买米积贮，随时平粜。

五年三月，命江西丁银摊入地亩征收。

四月，除江南徽州、宁国等处伴当世仆名色。谕旨有："朕以移风易俗为心，凡习俗相沿，不能振拔者，咸与以自新之路。如山西之乐户，浙江之惰民，皆除其贱籍，使为良民，所以励廉耻而广风化也。近闻江南徽州府则有伴当，宁国府则有世仆，本地呼为细民，几与乐户惰民相同。又其甚者，如二姓丁户村庄相等，而此姓乃彼姓伴当世仆，凡彼姓有婚丧之事，此姓即往服役。稍有不合，加以箠楚，及讯其仆役起自何时，则皆茫然无考。非有上下之分，不过相沿恶习耳。"故着该督查明除报。

九月，给各省入川逃荒之民以牛具种子，令开垦荒地。

十月，命建八旗学舍（督促八旗子弟读书）减嘉兴、湖州两府额征银十分之一。其谕旨有云："查各省中赋税之最多者,莫如江南之苏(州)、松(江),浙江之嘉(兴)、湖(州),每府多至数十万,地方百姓未免艰于输将。其赋税加重之由,始于明初,以四府之人为张士诚固守,故平定之后,籍(没收)富民之田,以为官田。按私租为额税。有明二百余年,减复不一……查嘉兴额征银四十七万二千九百余两,湖州额征银三十九万九千九百余两,俱着减十分之一,二府共免银八万七千二百两有奇,永著为例。"

十二月,命江苏、安徽丁银均摊入地亩内征收。

七年三月,命湖广武(汉)郧(阳)等九府州、武昌等十卫所,丁银摊入地亩内征收。

八年八月,分京师旗庄为八旗,设官分理。"京畿各府有庄屯之地方,旗人事务繁多。应以三百里内外为一路,分为八路,设官八员,分司办理。"

十一年春正月,命各直省设立书院。

四月,诏在京三品以上官员及外省督抚,会同学政,荐举博学鸿词,一循康熙十七年故事。

十二年九月,谕各省生童,不许邀约罢考(严禁学生的罢考运动等)。

十月,命陕西督抚确查州县歉收之处,奏请蠲赈。

十三年四月,停旌表烈妇之例。这是解放妇女的德政,免受那些死守习俗三贞九烈的虚名所束缚。接着乾隆元年

（1736年）并即谕审案不许株连妇女，也是步其后尘而立法的好事。

至于历来写历史或小说，描写雍正的严厉残忍手段，大多是以雍正三年（1725年）年羹尧幕僚汪景祺作《西征随笔》一书，雍正四年（1726年）名士而兼名宦的礼部侍郎查嗣庭所作的私人日记，以及雍正七年（1729年），因湖南生员曾静而祸及吕留良父子家人，三件文字狱的大案资料，作为罪不可恕的论断依据。

这三件大案，都是有关当时满汉民族之争的问题。其中是非曲直，善恶因果，颇为复杂，我们姑且不论。如从雍正皈依佛学的禅者立场来说，他当然知道两千多年前，释迦牟尼佛已经首先提出泯除民族歧见、国土界别，众生平等的道理。但他仍然无法脱离满族祖制家法的立场，采用严刑峻法的手段来处理，可以想见其内心的矛盾和痛苦。因此他便呕心沥血，亲自写作一本《大义觉迷录》来辩说民族平等的问题。这本书在清朝二百多年中，虽然并不受人重视，但它却启发了民国初年的五族共和，以及现在各大小民族共和的国体，应该也算是先声之作了。

虽然如此，雍正总难逃为德不周、为仁不达的遗憾。但再退一步来讲，过去古今中外英雄帝王们的统治手法，都会如三国时代刘备说过的一句坦白的老实话，那就是"芝兰当门,不得不锄"。有罪无罪,同为一例。所以佛、道两家便教人要知时知量,明哲保身,作为苟全性命,不求闻达,独善其身的规范。但如不幸处在兼善天下的地位上,那就随时会有可能碰上棘手的事,瓦砾黄金同为废物,即使圣如尧舜,也有殛四凶的记载,孔子也有杀少正卯的故事。雍正虽学佛参禅,当然更不能比于尧舜与孔子,应当受到后世的批评。

雍正在位十三年中,得以坐镇京畿,背靠漠北满蒙,右握西北,左揽东南,西南有事,只需一个能臣,一旅雄兵,便可唾手而定。他是真实奠定了清朝的江山,赋予儿孙好自经理,实在可算是历代定鼎守成帝王中的奇才,为历代职业皇帝中绝无仅有的一人。

如果以"修身、齐家、治国"之道来说,他确是做到了如《诗经》所说"刑于寡妻,至于兄弟"了。但从"格物、致知、诚意、正心"之道来说,他却落于"静虑而后能得"的窠臼,对于"亲民"而"止于至善"的外用,难免自有遗憾之处。明儒兼通佛道的洪自诚说得对:"涉世浅,点染亦浅。历事深,机械亦深。故君子与其练达,不若朴鲁。与其曲谨,不若疏狂。"雍正即位以后的禅病,正陷在过于练达而又曲谨的旋涡中而不自觉。

也许大家会问:他究竟是怎样死的?既然已经开悟,又何以只有五十八岁就死了呢?参禅开悟,并非求仙道长生,

第八章 帝王治术:君临天下的手段 277

一个人事无巨细,都要事必躬亲,昼夜勤力,日理万机十多年,不累死也会瘫痪的。况且他对佛法心宗意生身的转身一路功夫,还须求证,并未到家。这是他无法告人、无处可问的关键所在。他究竟是怎么死的,也许将来或可知道谜底吧!

(选自《原本大学微言》)

"十全老人"乾隆：受益遗荫的太平天子

雍正以后，接着就是他许为已破禅宗三关的儿子宝亲王弘历，即晚年自称为"十全老人"的乾隆。事实上，在秦汉以后的历史上，本身做了六十年的太平天子，活到八十多岁，传位给儿子嘉庆以后，又以太上皇的身份仍然干政，乾隆的确是绝无仅有的一人。那些相信宿命论的算命先生，算他的八字，是"子午卯酉"四正的命，好像很有道理，而不尽然的巧合却也很有趣。

不过，以乾隆一生的际遇来说，他真是得力于父祖的遗荫。照俗话来说，也可说他靠祖宗有德的结果。从他祖父康熙立下统一根基，经他父亲雍正的整肃守成，打好财政、经济、吏治的稳定基础，他在正当青年时继位，称帝六十年，在他手中，编集了《四库全书》，对中国文化做了最大的贡献，又对明末第三代的遗老遗少们再举行一次"博学鸿词科"，一网收尽遗留有"反清复明"学术思想的汉人读书分子。从此使清朝的文运真正做到"销磨天下英雄气，八股文章台阁书",知识分子考取功名以后,大多数是浮沉宦海,以外便转向在文学词章上争取文艺的胜出。

有关儒家"四书""五经"的义理之学,只走向如《十三经注疏》和《皇清经解》等巨著的考证路线上去。便少有如宋明那样理学和禅宗大师人才辈出,论辩纵横,但产生了学识渊博、考证精详、文辞华丽、蕴藉风流如纪昀(晓岚)、王文治(梦楼)、舒位(立人)、袁枚(子才)、赵翼(瓯北)、张问陶(船山)等一群风流潇洒的才子。在诗文词章上的成就,或变更成规,或注重性灵,但都不免带有孤臣孽子的潜藏情感。因此,使清代乾隆前后的文学境界,并不亚于中唐的格调,大有特色,值得欣赏。

乾隆自己除了批注历史,编了一部《御批通鉴辑览》以外,又作了很多评论历史的诗。同时把清宫里所收集的历代名画,任意在空白处题诗写字,盖上"乾隆御宝"等大印。自以为很艺术,其实破坏了艺术作品。他命臣工编辑《御制文集》,夸耀自己为"翰林天子",有意与那些进士状元出身的文人争一时短长。

从乾隆一代的内政来讲,确是一个升平盛世。所以他在那时所作的春联,便有"天增岁月人增寿,春满乾坤福满门""乾坤春浩荡,文治日光华",乃至有"文章华国,诗礼传家""国清才子贵,家富小儿骄"的现实情况。

因此，他到了晚年自称为"十全老人"，并且在让位授玺归政给儿子颙琰，改年号为嘉庆的时候，又自称为"千古第一全人"，比起十全老人更要全了。

其实，他所谓的十全，是包括了康熙、雍正前两代的功业在内，是指清朝武功而言，并非完全属于文治。因为康、雍、乾三朝的领土扩张，清朝的全国版图，东至鄂霍次克海与日本海，朝鲜与库页岛在内；南至安南、缅甸、暹罗；西边的阿富汗、吉尔吉斯、浩罕，西南的廓尔喀、哲孟雄、不丹，均臣服中国；北与西伯利亚接界。除元朝以外，实为中国历史上版图最大的一朝。

至于乾隆自夸的武功，便是曾经征服准噶尔、大小金川、廓尔喀各两次，臣服回部、台湾、缅甸、安南各一次。以此自炫，便称为十全武功。他不像父亲雍正用"宝月居士"的身份而谈禅说佛，可是却能通藏文，注意藏传密宗的修持。他曾经翻译藏文黄教主要修法的阎曼德迦《十三尊大威德修持仪轨》。据说嘉庆即位，正当白莲教作乱，他在太上皇的宁寿宫皇极殿上，手持念珠，跏趺禅坐，为大清江山保平安而修密法呢！

（选自《原本大学微言》）

图书在版编目（CIP）数据

历史的明暗 / 南怀瑾讲述 . -- 北京：北京联合出版公司 , 2024.11.（2025.6 重印）-- ISBN 978-7-5596-7992-5

Ⅰ . K209

中国国家版本馆 CIP 数据核字第 20240V76F7 号

历史的明暗

作　　者：南怀瑾
出 品 人：赵红仕
责任编辑：管　文

北京联合出版公司出版
（北京市西城区德外大街 83 号楼 9 层　100088）
河北鹏润印刷有限公司印刷　新华书店经销
字数 162 千字　880 毫米 ×1230 毫米　1/32　印张 9.25
2024 年 11 月第 1 版　2025 年 6 月第 3 次印刷
ISBN 978-7-5596-7992-5
定价：59.00 元

版权所有，侵权必究
未经书面许可，不得以任何方式转载、复制、翻印本书部分或全部内容
如发现图书质量问题，可联系调换。质量投诉电话：010-82069336